孔子家语

王　肃◎著

北方妇女儿童出版社

目录

COTTON

序

中华民族要实现伟大复兴，必须有凝聚力。凝聚力的基础是人民具有民族自尊心、自信心，而民族自尊心、自信心的根本来源于对民族文化优秀传统的明确认知。

值得欣慰的是，博大精深的中华传统文化，蕴含着丰富的精神资源。生生不已的变易之道，居安思危的忧患意识，富贵不淫、贫贱不移的大丈夫气概，民为邦本的政治哲学，正德、利用、厚生相统一的精神物质兼顾的文明观，等等，都是开启今人智慧、滋养今人心灵的营养。

为了适应全民阅读的需求，我们本着以弘扬传统文化、传承中华文明为宗旨，精心设计了这套深入浅出，今古相合，适合全民阅读和理解古代先贤智慧的《中华国学经典全民阅读书库》。

本书特点鲜明，以采用多视角、多元化、多维度的图解式为启动引擎，每册图书分为六大版块：阅读图解、观古阅今、辅导讲坛、原典新释、古韵体验和延伸阅读；通过这些版块，详细生动地从不同功用上对丛书之每一国学经典进行全方位的介绍，辅助读者理解古籍中生僻难解之处，有益于在古诗文学习上的理解和提高。

国学，作为一种历史、一种传统、一种文化、一种非物质文化遗产，它所蕴藏的经验、智慧和启示，穿越时空延展至今。我们用它来化解心灵的危机，解释当下的生存困境，救赎迷惘的灵魂。我们正处在现代化进程中，需要从古籍中发掘中华民族固有的传统文化基因作为促进社会进步的重要支撑点，这正是全民阅读国学重要性之所在。

国学流传了几千年，不腐更不会朽，它是清新而流动的活水，万古长青，生机盎然。有鉴于此，我们组织学术界的一流专家，编辑了这套图书，以飨读者。

编者

2015 年 3 月

阅读图解

Yue Du Tu Jie

孔子家语

阅读结构图解

No.1

阅读图解：这部分内容用和谐的色彩和图形来对本书作者、历史影响等内容进行解读，简单、清晰、直观，有利于读者轻松把控和阅读本书。

No.2

观史阅今：这部分包括本书的历史传承、影响，以及本书的历史地位、作用、意义等内容，起到点睛之笔的作用，能够让读者做到对经典著作的深入和精细化阅读。

No.3

辅导讲坛：用简短、精炼的语言对每一篇的内容进行概括、总结，以期读者更加快速地从宏观角度掌握本书的主要内容。

No.5

古韵体验：用体验的方式阅读，具有亲历性和验证性，当把书籍的内容用在实际中，是活学活用，也是学以致用，《孔子家语》对我们理政、经商、治学、教育等均有广泛用途，有针对性地用在实践中，是我们阅读的目的。

No.4

原典新释：选取和本书相关的人物、图书、影视以及经典的词句、思想等内容，以增加读者的文化积淀，拓宽视野，培育创造力。

No.6

延伸阅读：这部分内容包括原典、注释、译文和铭记链接，侧重对原典的正确解读，注释译文力求简明准确，链接知识紧扣文本，重在凸显原典主旨，弘扬传统文化。

阅读提纲图解

1.《孔子家语》这本书，可以称作“孔子文化第一书”，一部被称为“孔子全集”的典籍。《孔子家语》是中国古代记述孔子思想和生平的著作，其内容是自汉朝以前到汉朝早期不断编纂而成，后来王肃对其进行整理，凡二十七卷，现存十卷。

2.此书是研究孔子生平及其思想的重要参考资料，也是我们认识历史上真实的孔子面目的重要依据。书中的许多故事和孔子的许多充满哲理的语言对我们具有深刻的借鉴意义。

原文部分参照多家白话文本及诸家注、疏、笺、校本，文章经梳理后，以中国现代标点符号标明句读，以方便读者阅读。

注释部分是对古今异义（异音）、生僻、难解等词语进行注释，力求准确严谨，古今相通，简洁明白，便于读者阅读。

孔子家语 卷五 子路初见第十九

原文

子路初见孔子，子曰：“汝何好乐？”对曰：“好长剑。”孔子曰：“吾非此之问也，徒谓以子之所能，而加之以学问，岂可及哉？”子路曰：“学岂益哉也？”孔子曰：“夫人君而无谏臣则失正，士而无教友则失听。御狂马不释策①，操弓不反檠②。木受绳则直，人受谏则圣。受学重问，孰不顺成？毁仁恶士，必近于刑。君子不可不学。”

注释

①不释策：不放下马鞭子。

②操弓不反檠（qíng）：正在拉开的弓箭不能用檠来校正。檠：校正弓的器具。弓不反于檠，然后可持也。

3.《孔子家语》是研究孔子思想的重要资料，是现代人了解儒家、研究儒家的重要书籍。感悟圣人情怀，哲人智慧，《孔子家语》是必读之书。

4.如果说《论语》是孔子语录的话，那么《孔子家语》就是孔子的全集。是研究孔子及儒家的必备书，是研究古代社会政治、经济、文物、典章制度的重要资料。

孔子家语

译文

子路初次拜见孔子，孔子说："你有什么爱好？"子路回答说："我喜欢长剑。"孔子说："我不是问你这个。我是说以你的能力，再加上努力学习，谁能赶得上你呢！"

子路说："学习真的有用吗？"孔子说："国君如果没有敢谏的臣子就会失去正道，读书人没有敢指正问题的朋友就听不到善意的批评。驾驭正在狂奔的马不能放下马鞭，已经拉开的弓不能用檠来匡正。木料用墨绳来矫正就能笔直，人接受劝谏就能成为圣人。接受知识，重视学问，谁能不顺利成功呢？诋毁仁义厌恶读书人，必定会触犯刑律。所以君子不可不学习。"

经典语录

子路向孔子辞行

子路将要出行，向孔子辞行。孔子说："我送给你车呢，还是送给你一些忠告呢？"子路说："请给我些忠告吧。"

孔子说："不持续努力就达不到目的，不劳动就没有收获，不忠诚就没有亲人，不讲信用别人就不再信任你，不恭敬就会失礼。谨慎地处理好这五个方面就可以了。"

译文部分参考诸家注、疏、笺、校本，以现代白话的形式解说文言文原文，以帮助现代读者理解原文，明白其意思。

经典语录是对文章内涵的延伸，所选内容和名言都是本书中知名度最高、对后人启发最深刻的，能够拓展读者视野，加深读者记忆，提高阅读质量。

作者年谱图解

195——256年

王肃，字子雍，三国时期魏国东海郡郯人。其父王朗。

195年

汉献帝兴平二年：王肃出生于东海郯（今山东郯城北）。

公元213年

18岁时，拜著名学者宋忠为师读《太玄》，他勤于思考，常常超越出老师的讲解而提出新见解。

拜散常侍，对军国大事常提出建议，发挥了重要作用。王肃学识渊博，直言不讳，曾向皇帝建言革除政治弊端，撤并那些清闲无用的官僚机构，裁减冗官，使官有实职，职有实事。让官员少些，俸禄高些，使公家出的费用少，为官者进仕之志高。

明帝太和三年（229 年）

王肃死，追赠卫将军，谥号景侯。

256 年

孔安国出生

公元前 156 年—公元前 174 年

作者简介

王肃（195—256），字子雍，东海郡郯（音tán，今山东郯城西南）人。三国魏儒家学者，著名经学家。曾遍注群经，对今、古文经义加以综合；以其深厚的文化底蕴，借鉴《礼记》《左传》《国语》等名著，编撰《孔子家语》等书以宣扬道德价值，并以身为司马昭岳父之尊，将其精神理念纳入官学，其所注经学在魏晋时期被称作“王学”。主要官衔为中领军，加散骑常侍。由于他的卓著功勋和特殊地位，死后被追赠为卫将军，谥称景侯。

作者考究：元马端临《文献通考·经籍考》引三国魏王肃注《孔子家语》所附汉孔安国后序说：“《孔子家语》者,皆当时公卿士大夫及七十二弟子之所咨访交相对问言语也。既而诸弟子各自记其所问焉，与《论语》《孝经》并时，弟子取其正实而切事者，别出为《论语》，其余则都集录之，名之曰《孔子家语》。”后来“《孔子家语》乃散在人间，好事者或各以意增损其言”，安国“于是因诸公卿大夫私以人事募求其副，悉得之，乃以事类相次，撰集为四十四篇”。《通考》还引孔安国之孙孔衍奏言：武帝时，“鲁共王坏孔子故宅，得古文科斗《尚书》《孝经》《论语》，世人莫有能言者。安国为改今文，读而训传其义。又撰次《孔子家语》。既毕讫，会值巫蛊事起，遂各废不行于时”。这说明，《孔子家语》是一部重要的记录了孔子及孔门弟子思想言行的著作。但自宋代以来，《孔子家语》被疑为是王肃的伪作，以致埋没了《孔子家语》在孔子及其弟子研究中的价值。

著书时间

《孔子家语》一书最早著录于《汉书·艺文志》，凡二十七卷，孔子门人所撰，其书早佚。唐颜师古注《汉书》时，曾指出二十七卷本“非今所有家语”。颜师古所云今本《孔子家语》，乃三国时魏王肃收集并撰写的十卷本。王肃，东海郯(今山东郯城)人，曾遍注儒家经典，是郑玄之后著名的经学大师。他主张微言大义，综合治经，反对郑玄不谈内容的文字训诂学派。王肃杂取秦汉诸书所载孔子遗文逸事，又取《论语》《左传》《国语》《荀子》《小戴礼》《大戴礼》《礼记》《说苑》等书中关于婚姻、丧葬、郊禘、庙祧等制度与郑玄所论之不同处，综合成篇，借孔子之名加以阐发，假托古人以自重，用来驳难郑学。

对《孔子家语》，历来颇多争议。宋王柏《家语考》、清姚际恒《古今伪书考》、范家相《家语证伪》、孙志祖《家语疏证》均认为是伪书。宋朱熹《朱子语录》、清陈士珂和钱馥的《孔子家语疏证》序跋，黄震《黄氏日抄》等则持有异议。然而一千多年来，该书广为流传，《四库全书总目》曾精辟论述说：“其书流传已久，且遗文轶事，往往多见于其中。故自唐以来，知其伪而不能废也。”晚近以来，学界疑古之风盛行，《家语》乃王肃伪作的观点几成定论。

《孔子家语》较好的版本有《四部丛刊》影印明黄鲁曾覆宋本。

名家点评图解

习近平在2013年11月26日来到曲阜孔府考察，并来到孔子研究院。桌子上摆放着展示孔子研究院系列研究成果的书籍和刊物，他一本本饶有兴趣地翻看。看到《孔子家语通解》《论语诠解》两本书，他拿起来翻阅，说："这两本书我要仔细看看。"

据罗瑞卿的女儿罗点点回忆，1938年在延安凤凰山下的窑洞里，毛泽东送给罗瑞卿两句话："水至清则无鱼，人至察则无徒。"这两句话见于《大戴礼记》和《孔子家语》。

除了《论语》，南怀瑾又看重《孔子家语》。《孔子家语》朗豁而不拘一格，许多"正经"的儒者以及"认真"的考据家都说是伪书，可南怀瑾从不计较那书伪或不伪，只关切那心意真或不真。

《孔子家语》是中国古代记述孔子思想和生平的著作，其内容是自汉朝以前到汉朝早期不断编纂而成，后来王肃对其进行整理，凡二十七卷，现存十卷。《孔子家语》的争议很多。颜师古注《汉书》时，曾指出《孔子家语》二十七卷本“非今所有家语”。

——360 百科

杨朝明先生在《出土文献与 <孔子家语> 伪书案的终结》中指出，对于今天的孔子研究来说，《孔子家语》的价值，并不在《论语》之下。由于其成书特征所决定，该书对全面研究和准确把握早期儒学更有价值。

张涛先生在《关于〈孔子家语〉的一点认识》（《山东图书馆季刊》1998 年第 3 期）中指出，就文献价值而言，《孔子家语》有许多地方明显胜于其他相关古籍，可用来勘正史实、文字的讹误，弥补记载的疏略。《孔子家语》尽管还不便直接用作先秦史料，但却完全可以作为《论语》的有益补充。

姚剑在“杂谈”中写道：奇怪的是，大家都说《孔子家语》是伪书，可是《孔子家语》却流传甚广。《四库全书》明知其是“伪书”，却要收集进来，还说：“知其伪而不能废。”张之洞说：“一分真伪，古书去半。”

孔子家语
水至清则无鱼，人至察则无徒。

观古阅今

Guan Gu Yue Jin

孔子家语

《孔子家语》这部古籍，是中国图书史上一部最著名、也最受人关注的“伪书”。在古代，经、史、子、集这四个古书大类，一直以经部的书籍最受古代学人重视，因为这些经典都跟孔子有关：有的曾经由孔子亲自整理、作为教导学生的教材，有的记载孔子和他的学生的言论和事迹，有的则阐释孔子或后世儒家学派的思想学说。

《孔子家语》所记载的，正是孔子和他的弟子的谈话和故事。我们知道，位列《十三经》的《论语》，就是孔子和孔门弟子的言行记录；而由于内容相类，《孔子家语》在《汉书·艺文志》中，也被归入《六艺略》的《论语》类。不过，因为《孔子家语》在汉代曾经一度失传，当汉末的经学大师王肃，声称自己从孔子的后人孔猛那里获得这部古籍，并为它作了批注时，它的来历便开始遭到世人质疑。此外，《孔子家语》的大部分内容，又跟若干先秦和汉代古籍记载的孔子事迹大致相同，符合了“身世不明”和“品质不纯”这两大条件。

到了宋代，《孔子家语》便被明确挂上了“伪书”的卷标，它在史志目录的地位，也由“经部”下降至“子部”。

《孔子家语》保存了最原始和可靠的材料。《孔子家语》保存了一大批比较原始的文献资料，有许多地方明显地胜于其他相关古籍，具有重要的版本、校勘价值。

《孔子家语》是“孟子以前遗物，绝非后人伪造所成”，并且学术界已有学者考证《家语》是由孔子的孙子子思领编而成，根据今本《孔子家语》所附汉孔安国后序，可知《孔子家语》的材料是由孔子弟子“各自记其所问”而成，所以《孔子家语》保存的材料应是最原始的，这一点通过传统文献的比较也可看出。如：在《孔子家语》中的《哀公问政》又见于《礼记·中庸》，将二者对勘，会发现《礼记·中庸》语言更为简练，似曾进行过修改、润色，这种改动明显带有西汉时期的政治风貌。本篇“为政在于得人”，在《礼记·中庸》中作“为政在人”，前者强调贤者的重要性，后者却是强调统治者的重要性。本篇“爵其能”，《礼记·中庸》改为“尊其位”；“笃亲亲”“敬大臣”“子百姓”“来百工”几句，分别变成“劝亲亲”“劝大臣”“劝百姓”“劝百工”，都反映了西汉政权高度统一，封建专制主义正在逐渐加强的特征。至于本篇中的“举废邦”在《礼记·中庸》中改为“举废国”，显然是避汉高祖刘邦的名讳。由此可断定，《礼记·中庸》晚于《孔子家语·哀公问政》。又如《贤君》部分可见于《说苑·政理》，在《家语·贤君》中作“孔子见宋君”，而在《说苑·政理》作“孔子见梁君”。清俞樾曰：“仲尼时无梁君，当从《孔子家语》作宋君为是。”这也说明《孔子家语》早于《说苑》。尤其是战国竹简的出土进一步印证了《孔子家语》材料的渊源有自。正是因为《孔子家语》材料的原始性，所以其所记载的材料比其他传世材料更为可靠。例如关于颜回的生卒年寿，可以根据《孔子家语》纠正《史记》传本之讹。

《孔子家语》记载的内容比其他研究孔子的资料更为完整。在有关孔子的研究上，《论语》是传统的第一手材料，但是《论语》篇幅短小，语言简略，难以尽展孔子等人思想言行的全貌。有一说，“论语”的“论”，有“选择”“别择”的意思。清朱骏声《说文通训定声·屯部》曰：“论，叚借为抡。”《国语·齐语》“权节其用，论比其材”，韦昭注：“论，择也。”《荀子·王霸》“君者，论一相，陈一法，明一指，以兼覆之，兼照之，以观其成者也，”杨倞注：“论，选择也。”如果《论语》书名的“论”为选择之意，则《论语》应该是选自“孔子家”之“语”中的材料，这样《论语》就是“孔子语录”，《孔子家语》则相当于“孔子文集”，无论在规模上，还是在内容上，《家语》都要高出《论语》很多。仅从规模上讲，《论语》仅有一万六千多字，而《家语》却比《论语》多出近四倍。朱熹在谈到读《论语》的方法时，引程子的话说，如果不通读全书，“终是不浃洽”，说的应该是准确理解、融会贯通的问题。《家语》详于《论语》，所记全面，又有孔子言行的生动情节，与《论语》相比，显然更能展现孔子的人品和思想。已有学者通过比较研究，证明《家语》从某种意义上讲，其价值甚至要超出《论语》。

再者，利用《孔子家语》有利于解决早期儒学中的一些学术问题。《孔子家语》保存了某些独一无二的文献资料，是研究孔子、孔子弟子及先秦两汉文化典籍的重要依据。这些独有的文献资料，有利于拓展对于孔子及其思想和有关学术问题的研究。例如：《孔子家语》一书中有《弟子行》和《七十二弟子解》等孔子弟子的材料专篇，所列孔子弟子与《史记·仲尼弟子列传》中人物有不同，经学者考证《孔子家语》中所记弟子在许多方面显示出更为准确、可靠。（同上）这一研究有助于反思孔子弟子研究在资料运用及方法上的一些不足，进而开拓孔子弟子研究的新局面。同样，利用《孔子家语》中的材料，可以推动因材料短缺而一直困扰学术界的“孔老关系”和早期“儒道”关系的研究、孔子的“五帝”“三王”观的研究等许多早期儒学问题。

近代来华传教士赫真信对《孔子家语》的译介，在中国儒学西传史与西方汉学史的双向轨迹中具有重要意义。赫真信译本是西方汉学史上相对完整的《孔子家语》英文翻译文本，它所使用的注释也基本代表了当时传教士的汉学研究特点，侧面体现出他们从传教士向早期汉学家的身份过渡与变化。

辅导讲坛

Fu Dao Jiang Tan

孔子家语

本书的阅读，以多视角，多元化，多维度为启动引擎，在阅读时从两个主体部分着眼，就会得到相得益彰的效果。

一、版块辅导

全书共分为六大版块：阅读图解、观史阅今、辅导讲坛、原典新释、古韵体验以及延伸阅读。

图形也是一种语言，但它比文字简练、直观、立体，同时也蕴含着丰富的信息。本书的阅读图解部分就是最好的证明，这部分内容是对整本书的结构概括、作者生平以及本书的历史影响及文学地位的直观展示。

接下来是观史阅今，读者可以从这部分概括性的语言中对本书的意义、传承、影响等方面有一个总体的了解。这样，在阅读原著的时候就能更轻松地领悟作者的思想精髓。

原典新释是本书的重中之重，它主要由原文、注释、译文和经典语录等知识版块组成。梳理原文，并对生僻难解的字词进行注释，同时还配有相应的译文，这些都有利于读者理解国学经典内容。此外，在每一篇文章后面都加了一个紧扣本篇内容的铭记链接知识。这样不仅能加深读者的记忆，而且还开阔了读者的视野，达到了全民阅读“品味经典，弘扬传统文化”的目的。

古韵体验，这也是当我们读完这本经典著作之后的收获和感想。我们都能领悟到作品哪些思想精髓，应该怎么做才能真正地弘扬中华传统文化，实现中华民族的伟大复兴呢？

二、原著辅导

《孔子家语》是记述孔子思想和生平的一本书，内容自汉朝以前到汉朝早期陆续编撰而成，之后经过王肃之手进行整理，现在仅存十卷。

关于这本书的争议很多，争论的总焦点就是说《孔子家语》是一本伪书。我们现在不去考证这本书的学术之争，只想就现在的十卷本《孔子家语》的内容进行简单的辅导，以便读者阅读时作参考。

一、孔子的历史地位

孔子（前 551 年—前 479 年），中国伟大的哲学家。孔子是中华文化思想的集大成者，儒家学说的创始人。他的哲学思想提倡“仁义”，“礼乐”，“德治教化”，以及“以民为体”。孔子的儒学思想渗入中国人的生活，渗透到中国文化领域中，不仅如此，孔子的儒学思想，影响了世界上其他地区的一大部分人近两千年。

二、孔子的出身及经历

孔子名丘，字仲尼。春秋末期鲁国陬邑（山东曲阜）人，出身于没落的宋国贵族家庭，刻苦好学。曾从事“儒”（贵族丧事赞礼者）的职业，中年时开办私学。一度出任鲁国的中都宰，司空，司寇等职，四年后因遭小人暗算，弃职。后率弟子周游列国，经十三年。晚年归鲁，继续讲学，整理古籍。《论语》20篇，是孔子弟子及其再传弟子关于孔子言行的纪录。

三、孔子的学说及思想主张

孔子经常被认为是一种宗教的创始人，但这是不正确的。孔子极少谈论神，拒绝讨论来世，避免任何形式的形而上学。他对人生的关系深刻了解，他的学说并不是他所创立的，严格来说，他只是集中华文化思想的大成者。他是一位重视个人的伦理道德和行为的现世哲学家。

孔子把“仁”和“义”视为道德的最高原则，他规范著高尚者的行为。“仁”在有些时候可以解释为“爱”，但我们最好将他理解为对人类的关心。“礼”是道德，礼节，规矩，传统等观点的总和。

四、儒家曾经成为显学

孔子生活在春秋时代，那是一个人才辈出的年代。虽然当时的统治者没有采纳孔子的学说，然而在他死后，儒家成为显学。但是在秦始皇统治时期，儒家学说遭到贬抑。公元前221年，秦始皇统一中国。他采用法家的建议，下令“焚书坑儒”。以为这样就可以整齐学术，统一思想。然而，秦始皇的努力并不成功，在秦朝灭亡前夕，儒生们又开始宣讲儒家学说。西汉时期的汉武帝时代，儒家学说取得了独尊的地位。

五、《孔子家语》与《论语》之比较

《孔子家语》尽管还不便直接用作先秦史料，但却完全可以作为《论语》的有益补充。由于孔子等人的人格形象在《孔子家语》的许多篇章中得到成功塑造，因此，《孔子家语》在中国古代文学史特别是散文发展史上同样值得一述。

《论语》都是语录，而《孔子家语》提供了一个通篇的语言背景和环境，更加系统。关于《论语》的成书问题，以前感觉篇章之间似乎是随意堆砌的，但看了《孔子家语》，可以发现篇章之间的内在关联，它是按照对于孔子思想的内在认识和系统看法排列的。两本书对照着阅读，会使思路和线条更加清晰可辨。

六、孔子思想的影响

中国的历史就是孔子思想的影响史。《四书五经》成了学校的教科书，每一个学生都必须熟记。古代哲人的教条，深深地植跟于人民心中。由于这种儒学的熏陶，中国逐步发展出一种和谐的社会生活，追求智识崇尚智慧的狂热，以及稳健的文化。中国虽经常遭受侵略，但其文化不但能屹立不倒，而且还能同化异族。但是，儒学并不是万能灵药。它对于统治者来说，是一剂有效的灵药，能使他们的王朝尽量避免混乱和衰落的来临。但是，对于在求变求新的国际竞争压力下，对于一国的发展，是个阻碍，那些维系个人和社会秩序的礼教，几乎使人无法动弹，而形成一套永不改变的模式。孔子的教条彻底地限制了人类自然而充沛的冲劲。孔子的那些礼教实在太完美了，以致显得过分的严肃。在孔子的教条下，简直没有豪放和冒险，爱情和友谊也过分地受到桎梏。他使妇女一味服从，贬低了自己。他使国家一味保守，阻碍了进步。

七、《孔子家语》学术价值

王肃在《孔子家语》中，详细记录了孔子与其弟子门生的问对诘答和言谈行事，生动塑造了孔子的人格形象，对研究儒家学派（主要是创始人孔子）的哲学思想、政治思想、伦理思想和教育思想，有巨大的理论价值。同时，由于该书保存了不少古书中的有关记载，这对考证上古遗文，校勘先秦典籍，有着巨大的文献价值。

原典新释

Yuan Dian Xin Shi

孔子家语

卷　一

相鲁第一

这一篇讲了孔子为官的几件事。第一件事是说孔子为中都宰、司空和司寇。孔子这时为官事迹，虽说散见《左传》《礼记·檀弓上》《史记·孔子世家》，但都没有本书详细。为官中都宰时，孔子制定礼仪，培育厚朴风俗，使社会养老爱幼，男女有别，死葬有制。受到定公重视，孔子升为司空。在管理土地上，先是辨别土地性质，看哪种土地适合种植哪种植物，这说明我们先人早已有了耕种经验。孔子做司空的第二件事，就是坚守礼制，说服权臣，使鲁昭公墓葬与先祖之墓合二为一。孔子为大司寇，制定了法律，因风俗美善，竟没有奸诈犯法之民。第三件事是夹谷之会，孔子在会中占尽风光。“有文事者必有武备，有武事者必有文备”，这是警世名言。“裔不谋夏，夷不乱华，俘不干盟，兵不偪好”，这是华夷之辨。至于斩侏儒，似和儒家思想不符。孔子还建议鲁定公隳毁了季孙、叔孙、孟孙三家大夫不合礼法的都邑，使鲁国的君权得到加强。夹谷之会，见于《左传》《谷梁》《史记·孔子世家》。隳三都，见于《左传》《公羊》。《左传》无斩侏儒记载。《谷梁》说“齐人使优施舞于鲁君之幕下”，旧注说“欲嗤笑鲁君”，所以遭到斩首。可供参考。

原文

孔子初仕，为中都宰①。制为养生送死之节，长幼异食，强弱异任，男女别涂，路无拾遗，器不雕伪②。为四寸之棺，五寸之椁③，因丘陵为坟，不封、不树。行之一年，而西方之诸侯则焉。

定公④谓孔子曰："学子此法以治鲁国，何如?"孔子对曰："虽天下可乎，何但鲁国而已哉!"于是二年，定公以为司空，乃别五土之性⑤，而物各得其所生之宜，咸得厥所。

先时，季氏⑥葬昭公于墓道之南，孔子沟⑦而合诸墓焉。谓季桓子⑧曰："贬君以彰己罪，非礼也。今合之，所以掩夫子之不臣。"

由司空为鲁大司寇⑨，设法而不用，无奸民。

注释

①中都：鲁邑，在今山东省汶上县西。宰：一邑长官。

②器不雕伪：器物无文饰雕画，不作伪。

③椁（guǒ）：棺木有二重，里面称棺，外面称椁。

④定公：鲁国国君，名姬宋，定公是谥号。

⑤五土之性：旧注："一曰山林，二曰川泽，三曰丘陵，四曰坟衍，五曰原隰。"坟衍指肥沃平旷的土地。原隰指广平低湿之地。

⑥"季氏"句：鲁昭公二十五年，昭公讨伐季平子，失败流亡于晋，死于晋地乾侯。季平子于鲁定公元年秋天把昭公葬于鲁先君陵寝墓道以南，不使与先君合葬，是一种贬斥行为。季氏，指鲁国权臣季平子。

⑦沟：挖沟。合诸墓：表示同一墓域。

⑧季桓子：季平子之子。

⑨大司寇：主管刑狱的官，为六卿之一。

译文

孔子最初做官时，职务是担任中都邑的邑宰。他制定了使老百姓生前有保障、死后得以安葬的制度，提倡按照年纪的长幼不同吃不同的食物，根据能力的大小不同承担不同的任务，男女走路时各走一边，路上没有人把别人丢失的东西捡走。器物不求浮华雕饰。死人装敛，棺木厚四寸、椁木厚五寸，依傍丘陵修墓，不建高大的坟，不在墓地周围种植松柏。这样的制度施行一年之后，西方各诸侯国都纷纷效法。

鲁定公对孔子说：“学习您的施政方法来治理鲁国，您看结果会怎么样?”孔子回答说：“就是天下也足以治理好，岂只是治理好鲁国呢!”这样实施了两年，鲁定公任命孔子做了司空。孔子根据土地的性质，把它们分为山林、川泽、丘陵、高地、沼泽五类，各种作物都种植在适宜的环境里，并且都得到了很好的生长。

早先，季平子把鲁昭公葬在鲁国先王陵寝的墓道南面（使昭公不能和先君葬在一起，以泄私愤），孔子做了司之空后，派人挖沟把昭王的陵墓与先王的陵墓圈连到一起。孔子对季平子的儿子季桓子说：“令尊以此羞辱国君却彰显了自己的罪行，这是破坏礼制的行为。现在把陵墓合到一起，可以掩盖令尊不守臣道的罪名。”

之后，孔子又由司空升为鲁国主管刑狱的官，他虽然设立了法律，也派不上用场，没有犯法的奸民。

原文

定公与齐侯[①]会于夹谷，孔子摄[②]相事，曰：“臣闻有文事者必有武备，有武事者必有文备。古者诸侯并出疆，必具官以从，请具左右[③]司马。”定公从之。

至会所，为坛位，土阶三等，以遇礼[④]相见，揖让而登。献酢[⑤]既毕，齐使莱人以兵鼓噪，劫定公。孔子历阶[⑥]而进，以公退，曰：“士，以兵之。吾两君为好，裔夷之俘[⑦]敢以兵乱之，非齐君所以命诸侯也！裔不谋夏，夷不乱华，俘不干盟，兵不倡好，于神为不祥，于德为愆义，于人为失礼，君必不然。”齐侯心怍，麾而避之。

有顷，齐奏宫中之乐，俳优[⑧]侏儒戏于前。孔子趋进，历阶而上，不尽一等，曰：“匹夫荧侮诸侯者，罪应诛。请右司马速刑焉!”于是斩侏儒，手足异处。齐侯惧，有惭色。

将盟，齐人加载书[9]曰："齐师出境，而不以兵车三百乘从我者，有如此盟。"孔子使兹无还对曰："而不返我汶阳之田，吾以供命者，亦如之。"

齐侯将设享礼，孔子谓梁丘据曰："齐鲁之故，吾子何不闻焉？事既成矣，而又享之，是勤执事。且牺象[10]不出门，嘉乐[11]不野合。享而既具，是弃礼；若其不具，是用秕稗也。用秕稗，君辱；弃礼，名恶。子盍图之？夫享，所以昭德也。不昭，不如其已。"乃不果享。

齐侯归，责其群臣曰："鲁以君子道辅其君，而子独以夷狄道教寡人，使得罪。"于是乃归所侵鲁之四邑[12]及汶阳之田。

注释

①齐侯：齐国国君。夹谷：即今山东莱芜境内的夹谷山。

②摄：代理。相：司仪。

③左右：正副。司马：掌管军事的官。

④遇礼：旧注："会遇之礼，礼之简略者也。"

⑤献酢（zuò）：主客互相揖让敬酒。

⑥历阶：一步一级地快步登阶。

⑦裔夷之俘：边远地区少数民族的俘虏。旧注："裔，边裔。夷，夷狄。俘，军所获虏也。"

⑧俳（pái）优：演舞蹈滑稽戏的人。侏儒：身体矮小的杂伎艺人。

⑨载书：指盟书，会盟时所订的誓约文字。

⑩牺象：牛形和象形的酒器。门：这里指宫门。

⑪嘉乐：钟鼓之乐。不野合：嘉乐是宴享正礼，应设在宗庙和宫廷，不得违礼而行于野。

⑫四邑：旧注："郓、谨、龟、阴也。"一说龟阴为一邑之名。

译文

鲁定公和齐国国君在齐国的夹谷举行盟会，孔子代理司仪，孔子对鲁定公说："我听说，举行和平盟会一定要有武力作为后盾，而进行军事活动也一定要有和平外交的准备。古代的诸侯离开自己的疆域，必须配备应有的文武官员随从，请您带上正副司马。”定公听从了孔子的建议。

到举行盟会的地方，筑起盟会的高台，土台设立三个台阶。双方以简略的会遇之礼相见，相互行礼谦让着登上高台。互赠礼品互相敬酒后，齐国一方派莱人军队擂鼓呼叫，威逼鲁定公。孔子快步登上台阶，保护鲁定公退避，说：“鲁国士兵，你们去攻击莱人。我们两国国君在这里举行友好会盟，远方夷狄的俘虏竟敢拿着武器行暴，这绝不是齐君和天下诸侯友好邦交之道。远方异国不得谋我华夏，夷狄不得扰乱中国，俘虏不可扰乱会盟，武力不能逼迫友好。否则，这不但是对神明的不敬，从道德上讲是不义，从为人上讲是失礼。齐国国君必然不会这么做吧？”齐国国君听了孔子的话，内心感到愧疚，挥手让莱人军队撤了下去。

过了一会儿，齐国方面演奏宫廷乐舞，歌舞艺人和矮人小丑在国君面前表演歌舞杂技、调笑嬉戏。孔子快步登上台阶，站在第二阶上说：“卑贱的人敢戏弄诸侯国君，罪当斩。请右司马迅速对他们用刑。”于是斩杀了侏儒小丑，砍断手足。齐国国君心中恐慌，脸上露出惭愧的神色。

正当齐、鲁两国就要歃血为盟时，齐国在盟书上加了一段话说：“将来齐国发兵远征时，鲁国假如不派三百辆兵车从征，就要按照本盟约规定加以制裁。”孔子让鲁大夫兹无还针锋相对地回应道：“你齐国不归还我汶河以北的属地，而要让鲁国派兵跟从的话，齐国也要按本盟约的条文接受处罚。”

齐国国君准备设宴款待鲁定公。孔子对齐大夫梁丘据说：“齐、鲁两国的传统礼节，阁下难道没听说过吗？会盟既然已经完成，贵国国君却要设宴款待我国国君，这岂不是徒然烦扰贵国群臣？何况牛形和象形的酒器，按规矩不能拿出宫门，而雅乐也不能在荒野演奏。假如宴席上配备了这些酒器，就是背弃礼仪；假如宴席间一切都很简陋，就如同舍弃五谷而用秕稗。简陋的宴席有伤贵国国君的脸面，背弃礼法贵国就会恶名昭彰，希望您慎重考虑。宴客是为了发扬君主的威德，假如宴会不能发扬威德，倒不如干脆作罢更好。”于是齐国就取消了这次宴会。

齐国国君回到都城，责备群臣说：“鲁国的臣子用君子之道辅佐他们的国君，而你们却偏偏用偏僻蛮荒的少数部族的行为方式误导我，招来这些羞辱。”于是，齐国归还了以前侵占鲁国的四座城邑和汶河以北的土地。

原文

孔子言于定公曰：“家不藏甲①，邑无百雉之城②，古之制也。今三家过制③，请皆损之。”乃使季氏宰仲由隳三都④。叔孙辄不得意于季氏⑤，因费宰公山弗扰率费人以袭鲁⑥。孔子以公与季孙、叔孙、孟孙入于费氏之宫⑦，登武子之台⑧。费人攻之，及台侧，孔子命申句须、乐颀勒士众下伐之⑨，费人北。遂隳三都之城。强公室，弱私家，尊君卑臣，政化大行。

注释

①家：指卿大夫。甲：旧注：“甲，铠也。”即武装。

②邑：卿大夫所居城邑。雉：古代计算城墙面积的单位。一雉之墙长三丈，高一丈。旧注：“高丈、长丈曰堵，三堵曰雉。”

③三家：指当时鲁国势力很大的权臣季孙、叔孙、孟孙三家。

④宰：卿大夫家臣或采邑长官。仲由：字子路，孔子弟子。隳（huī）：毁坏。三都：指费、郈（hòu）、成三地，分别为季孙、叔孙、孟孙的都城。

⑤叔孙辄：叔孙氏庶子。不得意于季氏：“季氏”当作“叔孙氏”，《春秋左传注·定公十二年》杜注：“辄不得志于叔孙氏。”即得不到叔孙氏重用。《家语》旧注：“不得志于叔孙氏。”

⑥费宰：费城长官。公山弗扰：人名，费城长官。

⑦费氏之宫：费氏住宅。《左传》定公十二年作“入于季氏之宫”。译文从《左传》。

⑧武子之台：旧说台在季氏宅内。

⑨申句须、乐颀：鲁大夫。

译文

孔子对鲁定公说：“卿大夫的家中不能私藏兵器铠甲，封地内不能建筑一百雉规模的都城，这是古代的礼制。当前季孙氏、叔孙氏、孟孙氏三家大夫的城邑都逾越了礼制，请您削减他们的势力。”于是派季氏家臣仲由拆除三家大夫的城池——季孙氏的都城费、叔孙氏的都城后郈、孟孙氏的都城成。叔孙氏的庶子叔孙辄得不到叔孙氏的器重，联合费城的长官公山弗扰率领费人进攻鲁国都城曲阜。孔子保护着鲁定公，和季孙氏、叔孙氏、孟孙氏三大夫躲入季氏的住宅，登上武子台。费人进攻武子台，攻到台的一侧，孔子命令申句须、乐颀两位大夫统领士卒前去抵挡，费人败退。这样，终于削减了三座都邑的城池。这一行动使鲁国国君的权力得到了加强，大夫的势力被削减，国君得到了尊崇，臣子地位下降，政治教化措施得到了执行。

始诛第二

这篇第一段记载了孔子诛少正卯的事，此事又见于《荀子·宥坐》《说苑·指武》，文字大体相同。这说明这种传说古已有之。后来儒者不常提起，大概因为这里充满杀气，与《论语》中孔子仁爱气象有很大不同。

第二段讲法制与教化关系，真是深刻。孔子主张先教后诛，如果不教而诛，是暴虐行为。国家首先要进行道德教育，然后要树立正面形象加以引导，如果不从，才能加以刑威。本章又见于《荀子·宥坐》《韩诗外传三》《说苑·政理》，文字不尽相同，可参看。

原文

孔子为鲁司寇①，摄行相事，有喜色。仲由问曰："由闻君子祸至不惧，福至不喜，今夫子得位而喜，何也?"孔子曰："然，有是言也。不曰'乐以贵下人，乎?"于是朝政七日而诛乱政大夫少正卯②，戮之于两观之下，尸于朝三日③。

子贡进曰："夫少正卯，鲁之闻人也。今夫子为政而始诛之，或者为失乎?"孔子曰："居④，吾语汝以其故。天下有大恶者五，而窃盗不与焉。一曰心逆而险，二曰行僻而坚⑤，三曰言伪而辩，四曰记丑而博⑥，五曰顺非而泽。此五者，有一于人，则不免君子之诛，而少正卯皆兼有之。其居处足以撮徒成党⑦，其谈说足以饰褒莹众，其强御足以反是独立⑧，此乃人之奸雄者也，不可以不除。夫殷汤诛尹谐，文王诛潘正⑨，周公诛管蔡，太公诛华士⑩，管仲诛付乙⑪，子产诛史何⑫，是此七子皆异世而同诛者，以七子异世而同恶，故不可赦也。《诗》云：'忧心悄悄，愠于群小。'小人成群，斯足忧矣。"

注释

①司寇：主管刑狱的官。

②朝政：执政。少正卯：鲁大夫。和孔子同时讲学。

③尸于朝三日：陈列尸首三天。

④居：坐下。

⑤行僻而坚：行为邪辟而意志坚定。

⑥记丑而博：《荀子》杨惊注：“丑，谓怪异之事。”旧注：“丑谓非义。”译文采用杨说。

⑦撮徒成党：旧注：“撮，聚。”《荀子》作“聚徒成群”。

⑧强御足以反是独立：强暴有势力足以反对正道而独立成家。

⑨“文王”句：文王名姬昌，周武王父，居岐山之下，周朝开始强大，号西伯。“潘正”《荀子·宥坐》作“潘止”，《说苑·指武》作“潘阯”。事迹不详。

⑩“太公”句：太公即姜太公，姜姓，吕氏，名尚，周文王师。帮助武王灭殷，封于齐。华士：旧注：“士之为人虚伪，亦聚党也。”《韩非子》说他“耕而后食，凿井而饮”，大概是个隐士。

⑪“管仲”句：管仲，名夷吾，字仲，相齐桓公称霸。“付乙”，《荀子·宥坐》作“付里乙”，《说苑·指武》作“附里”。

⑫“子产”句：子产名侨，字子产，郑国著名政治家。“史何”，《荀子·宥坐》作“邓析、史付”，《说苑·指武》作“邓析”。

译文

孔子做鲁国主管刑狱的官，代理行使宰相的职务，表现出高兴的神色。弟子仲由问他：“我听说君子当祸患来临时不恐惧，幸运降时临也不表现出欢喜。现在您得到了高位而流露出欢喜的神色，这是为什么呢？”孔子回答说：“对，确实有这样的说法。但不是有‘显贵了而仍以谦恭待人为乐事’的说法吗？”就这样，孔子执掌朝政七天就诛杀了扰乱朝政的大夫少正卯，在宫殿门外的两座高台下杀了他，还在朝廷暴尸三天。

孔子弟子子贡向孔子进言："这个少正卯，是鲁国知名的人，现在老师您执掌朝政首先就杀掉了他，可能有些失策吧？"孔子回答说："坐下来，我告诉你杀他的缘由。天下称得上大恶的有五种，连盗窃的行为也不包括在内。一是通达事理却又心存险恶，二是行为怪癖而又坚定固执，三是言语虚伪却又能言善辩，四是对怪异的事知道得过多，五是言论错误还要为之润色。这五种大恶，人只要有其中之一恶，就免不了受到正人君子的诛杀，而少正卯五种恶行样样都有。他身居一定的权位就足以聚集起自己的势力结党营私，他的言论也足以迷惑众人伪饰自己而得到声望，他积蓄的强大力量足以叛逆礼制成为异端。这就是人中的奸雄啊！不可不及早除掉。历史上，殷汤杀掉尹谐，文王杀掉潘正，周公杀掉管叔、蔡叔，姜太公杀掉华士，管仲杀掉付乙，子产杀掉史何，这七个人生于不同时代但都被杀了头，原因是七个人尽管所处时代不同，但具有的恶行是一样的，所以对他们不能放过。《诗经》中所说的：'忧心如焚，被群小所憎恶。'如果小人成群，那就足以令人担忧了。"

原文

孔子为鲁大司寇[①]，有父子讼者，夫子同狴执之，三月不别。其父请止，夫子赦之焉。

季孙[②]闻之不悦，曰："司寇欺余，曩[③]告余曰：'国家必先以孝。'余今戮一不孝以教民孝，不亦可乎？而又赦，何哉？"

冉有[④]以告孔子，子喟然叹曰："呜呼！上失其道而杀其下，非理也。不教以孝而听其狱，是杀不辜。三军大败，'不可斩也。狱犴[⑤]不治，不可刑也。何者？上教之不行，罪不在民故也。夫慢令谨诛，贼也。征敛无时，暴也。不试责成，虐也。政无此三者，然后刑可即也。《书》云[⑥]：'义刑义杀，勿庸以即汝心[⑦]，惟曰未有慎事。'言必教而后刑也，既陈道德以先服之。而犹不可，尚贤以劝之；又不可，即废之；又不可，而后以威惮之。若是三年，而百姓正矣。其有邪民不从化者，然后待之以刑，则民咸知罪矣。《诗》[⑧]云：'天子是毗，俾民不迷。[⑨]'是以威厉而不试，刑错[⑩]而不用。今世则不然，乱其教，繁其刑，使民迷惑而陷焉，又从而制之，故刑弥繁而盗不胜也。夫三尺之限[11]，空车不能登者，何哉？峻故也。百仞之山，重载陟焉，何哉？陵迟故也。今世俗之陵迟久矣，虽有刑法，民能勿逾乎？”

注释

①大司寇：鲁有三卿，司空兼司寇，孟孙兼职。司空下有小司寇，孔子似乎是小司寇，《荀子·宥坐》作“孔子为鲁司寇”。

②季孙：鲁桓公子季友后裔，又称季孙氏，三卿之一，司徒兼冢宰。自鲁文公后，季孙行父、季孙宿等都是鲁国实权人物。

③曩（nǎng）：往昔、从前。

④冉有：即冉求，字子有，孔子弟子，季氏家臣。

⑤狱犴：这里指刑狱。

⑥《书》：这里指《尚书·康诰》，文字有出入。

⑦勿庸以即汝心：旧注：“庸，用也。即，就也。刑教皆当以义，勿用以就汝心之所安。”即不要只求符合你的心意。

⑧《诗》：这里指《诗经·小雅·节南山》。

⑨俾民不迷：旧注：“俾，使也。”迷：迷失。

⑩错：放置。

⑪限：《荀子·宥坐》作“岸”，这里指险阻。

译文

孔子做鲁国的大司寇时，有父子二人来打官司，孔子把他们羁押在同一间牢房里，过了三个月也不判决。父亲请求撤回诉讼，孔子就把父子二人都放了。

季孙氏听到这件事，很不高兴，说：“司寇欺骗我，从前他曾对我说过：‘治理国家一定要以提倡孝道为先。’现在我要杀掉一个不孝的人来教导百姓遵守孝道，不也可以吗？司寇却又赦免了他们，这是为什么呢？”

冉有把季孙氏的话告诉了孔子，孔子叹息说：“唉！身居上位不按道行事而滥杀百姓，这违背常理。不用孝道来教化民众而随意判决官司，这是滥杀无辜。三军打了败仗，是不能用杀士卒来解决问题的；刑事案件不断发生，是不能用严酷的刑罚来制止的。为什么呢？统治者的教化没有起到作用，罪责不在百姓一方。法律松弛而刑杀严酷，是杀害百姓的行径；随意横征暴敛，是凶恶残酷的暴政；不加以教化而苛求百姓遵守礼法，是残暴的行为。施政中没有这三种弊害，然后才可以使用刑罚。《尚书》说：'刑杀要符合正义，不能要求都符合自己的心意，断案不是那么顺当的事。'说的就是先施教化后用刑罚，先陈说道理使百姓明白敬服。如果还不行，就应该以贤良的人为表率引导鼓励他们；还不行，才放弃种种说教；还不行，才可以用威势震慑他们。这样做三年，而后百姓就会走上正道。其中有些不从教化的顽劣之徒，对他们就可以用刑罚。这样一来百姓都知道什么是犯罪了。《诗经》说：'辅佐天子，使百姓不迷惑。'能做到这些，就不必用严刑峻法，刑法也可以搁置不用了。当今之世却不是这样，教化紊乱，刑法繁多，使民众迷惑而随时会落入陷阱。官吏又用繁多的刑律来控制约束，所以刑罚越繁盗贼越多。三尺高的门槛，即使空车也不能越过，为什么呢？是因为门槛高的缘故。一座百仞高的山，负载极重的车子也能登上去，为什么呢？因为山是由低到高缓缓升上去的，所以车就会慢慢登上去。当前的社会风气已经败坏很久了，即使有严刑苛法，百姓能不违犯吗？"

王言解第三

这是孔子与弟子曾参一篇完整的对话。这篇对话又见于《大戴礼记·主言》。清人王聘珍认为："王肃私定《孔子家语》，盗窃此篇，改为《王言》，俗儒反据肃书，改窜本经，亦作《王言》，非是。"他认为本篇当作《主言》。仔细对照两篇，觉得《大戴礼》本篇多有脱漏，不及《家语》完整。本篇主要说明作为统领天下的王者，如何不出户牖而教化天下，其宗旨是"内修七教，外行三至"。七教就是执政者用敬老推动民众孝顺，用尊齿推动兄弟间的情意，用好施推动民众的宽厚精神，用亲近贤人推动民众选择良友，用推崇道德推动民众的真诚精神，用憎恶贪婪来推动民众知耻而不争，用兴廉让之风推动民众知耻而节俭。所谓"三至"，就是行"至礼""至赏""至乐"，从而做到"天下治""士悦""民和"。这些都体现了儒家教化第一的思想。

原文

孔子闲居，曾参[①]侍。孔子曰："参乎，今之君子，唯士与大夫之言可闻也。至于君子之言者，希也。於乎！吾以王言之，其不出户牖而化天下[②]。"

曾子起，下席而对曰："敢问何谓王之言？"孔子不应。曾子曰："侍夫子之闲也难[③]，是以敢问。"孔子又不应。曾子肃然而惧，抠衣而退[④]，负席而立。

有顷，孔子叹息，顾谓曾子曰："参，汝可语明王之道与？"曾子曰："非敢以为足也，请因所闻而学焉。"

子曰："居，吾语汝！夫道者，所以明德也。德者，所以尊道也。是以非德道不尊，非道德不明。虽有国之良马，不以其道服乘之[⑤]，不可以道里。虽有博地众民，不以其道治之，不可以致霸王。是故，昔者明王内修七教[6]，外行三至。七教修，然后可以守；三至行，然后可以征。明王之道，其守也，则必折冲[7]千里之外；其征也，则必还师衽席之上。故曰内修七教而上不劳，外行三至而财不费。此之谓明王之道也。"

曾子曰："不劳不费之谓明王，可得闻乎？"

孔子曰："昔者帝舜左禹而右皋陶[8]，不下席而天下治，夫如此，何上之劳乎？政之不平，君之患也；令之不行，臣之罪也。若乃十一而税，用民之力，岁不过三日。入山泽以其时而无征，关讥[9]市鄽皆不收赋，此则生财之路，而明王节之，何财之费乎？"

曾子曰："敢问何谓七教？"

孔子曰："上敬老则下益孝，上尊齿则下益悌，上乐施则下益宽，上亲贤则下择友，上好德则下不隐，上恶贪则下耻争，上廉让则下耻节，此之谓七教。七教者，治民之本也。政教定，则本正也。凡上者，民之表也[10]，表正则何物不正？是故，人君先立仁于己，然后大夫忠而士信，民敦俗璞，男悫[11]而女贞。六者，教之致也，布诸天下四方而不怨，纳诸寻[12]常之室而不塞。等之以礼，立之以义，行之以顺，则民之弃恶如汤之灌雪焉。"

曾子曰："道则至矣，弟子不足以明之。"

孔子曰："参以为姑止乎？又有焉。昔者明王之治民也，法必裂地以封之，分属以理之，然后贤民无所隐，暴民无所伏。使有司日省而时考之，进用贤良，退贬不肖，则贤者悦而不肖者惧。哀鳏寡，养孤独，恤贫穷，诱孝悌，选才能。此七者修，则四海之内无刑民矣。上之亲下也，如手足之于腹心；下之亲上也，如幼子之于慈母矣。上下相亲如此，故令则从，施则行，民怀其德，近者悦服，远者来附，政之致也。夫布指知寸，布手知尺，舒肘知寻，斯不远之则也。周制，三百步为里，千步为井，三井而埒，埒三而矩，五十里而都，封百里而有国，乃为福积资求焉[13]，恤行者有亡。是以蛮夷诸夏[14]，虽衣冠不同，言语不合，莫不来宾。故曰无市而民不乏，无刑而民不乱。田猎罩弋[15]，非以盈宫室也；征敛百姓，非以盈府库也。惨怛以补不足，礼节[16]以损有余。多信而寡貌，其礼可守，其言可覆，其迹可履。如饥而食，如渴而饮。民之信之，如寒暑之必验。故视远若迩，非道迩也，见明德也。是故兵革不动而威，用利不施而亲，万民怀其惠。此之谓明王之守，折冲千里之外者也。”

曾子曰：“敢问何谓三至？”

孔子曰：“至礼不让，而天下治；至赏不费，而天下士悦；至乐无声，而天下民和。明王笃行三至，故天下之君可得而知，天下之士可得而臣，天下之民可得而用。”

曾子曰：“敢问此义何谓？”

孔子曰：“古者明王必尽知天下良士之名，既知其名，又知其实，又知其数及其所在焉，然后因天下之爵以尊之，此之谓至礼不让而天下治。因天下之禄以富天下之士，此之谓至赏不费而天下之士悦。如此，则天下之民名誉兴焉，此之谓至乐无声而天下之民和。故曰：‘所谓天下之至仁者，能合天下之至亲也。所谓天下之至知者，能用天下之至和者也。所谓天下之至明者，能举天下之至贤者也。’此三者咸通，然后可以征。是故仁者莫大乎爱人，智者莫大乎知贤，贤政者莫大乎官能。有土之君修此三者，则四海之内供命而已矣。夫明王之所征，必道之所废者也。是故诛其君而改其政，吊其民而不夺其财。故明王之政，犹时雨之降，降至则民悦矣。是故行施弥博，得亲弥众，此之谓还师衽席之上⑰。”

注释

①曾参：春秋鲁人。字子舆，孔子弟子。

②户牖（yǒu）：门窗。

③“侍夫子”句：此句话是说，等到孔子有空闲的时候很难。侍，《大戴礼记》作“得”，意为等到。

④抠：用手挖。此作提讲。

⑤服乘：使用，指驾车或骑乘。

⑥七教：指后文所说的敬老、尊齿、乐施、亲贤、好德、恶贪、廉让七种教化。

⑦折冲：使敌人的战车后撤。即击退敌人。

⑧皋陶：也称咎繇。传说为舜的大臣，掌刑狱之事。

⑨关讥：在关口设立界卡检查行旅。

⑩表：表率。

⑪悫：诚实、谨慎。

⑫寻：度量单位，两臂伸开为一寻。

⑬福积资求：积累生活资料。一本“求”作“裘”，《大戴礼记·主言》作“畜积衣裘”。

⑭蛮夷：代指四方少数民族。诸夏：周王室分封的诸国。指中原民族。蛮：古代对南方少数民族的贬称。夷：古代对东方少数民族的贬称。

⑮罩：捕鱼或鸟的竹器。弋：以绳系箭而射。旧注：“罩，鱼笼，掩网。弋，缴射也。”

⑯礼节：以礼来节制。

⑰衽席之上：旧注：“言安安而无忧也。”衽席：坐席。

译文

孔子在家闲居，弟子曾参在身边陪侍。孔子说：“曾参啊！当今身居高位的人，只能听到士和大夫的言论，至于那些有高尚道德君子的言论，就很少听到了。唉，我若把成就王业的道理讲给居高位的人听，他们不出门户就可以治理好天下了。”

曾参谦恭地站起来，走下坐席问孔子：“请问先生，什么是成就王业的道理呢？”孔子不回答。曾参又说：“赶上先生您有空闲的时候也难，所以敢大胆向您请教。”孔子又不回答。曾参紧张而害怕，提起衣襟退下去，站在座位旁边。

过了一会儿，孔子叹息了一声，回头对曾参说：“曾参啊！大概可以对你谈谈古代明君治国之道吧！”曾参回答说：“我不敢认为自己有了足够的知识能听懂您谈治国的道理，只是想通过听您的谈论来学习。”

孔子说：“你坐下来，我讲给你听。所谓道，是用来彰明德行的；德，是用来尊崇道义的。所以没有德行，道义不能被尊崇；没有道义，德行也无法发扬光大。即使有一国之内最好的马，如果不能按照正确的方法来使用骑乘，它就不可能在道路上奔跑。一个国家即使有广阔的土地和众多的百姓，如果国君不用正确的方法来治理，也不可能成为霸主或成就王业。因此，古代圣明的国君在内实行‘七教，’对外实行‘三至’。‘七教’修成，就可以守卫国家；‘三至，实行，就可以征伐外敌。圣明国君的治国之道，守卫国家，一定能击败千里之外的敌人；对外征伐，也一定能得胜还朝。因此说，在内实行‘七教’，国君就不会因政事而烦劳；对外实行‘三至’，就不至于劳民伤财。这就是所说的古代明王的治国之道。”

曾参问道：“不为政事烦劳、不劳民伤财叫做明君，其中的道理可以讲给我听听吗?”

孔子说：“古代帝舜身边有两个得力臣子禹和皋陶，他不用走下坐席天下就治理好了。这样，国君还有什么烦劳呢？国家政局不安，是国君最大的忧患；政令不能推行，是臣子的罪责。如果实行十分之一的税率，民众服劳役一年不超过三天，让百姓按季节进入山林湖泊伐木渔猎而不滥征税，交易场所也不滥收赋税，这些都是生财之路，而圣明的君主节制田税和使用民力，怎么还会浪费财力呢?”

曾参问：“敢问什么是七教呢?”

孔子回答说：“居上位的人尊敬老人，那么下层百姓会更加遵行孝道；居上位的人尊敬比自己年长的人，下层百姓会更加敬爱兄长；居上位的人乐善好施，下层百姓会更加宽厚；居上位的人亲近贤人，百姓就会择良友而交；居上位的人注重道德修养，百姓就不会隐瞒自己的观点；居上位的人憎恶贪婪的行为，百姓就会以争利为耻；居上位的人讲廉洁谦让，百姓就会以不讲气节德操为耻。这就是所说的七种教化。这七教，是治理民众的根本。政治教化的原则确定了，那治民的根本就是正确的。凡是身居上位的人，都是百姓的表率，表率正还有什么不正的呢？因此国君首先能做到仁，然后大夫也就会做到忠于国君，而士也就能做到讲信义，民心敦厚民风淳朴，男人诚实谨慎女子忠贞不贰。这六个方面，是教化导致的结果。这样的教化散布天下四方而不会产生怨恨情绪，用来治理普通家庭而不会遭到拒绝。用礼来区分人的等级尊卑，以道义立身处世，遵照礼法来行事，那么百姓放弃恶行就如同用热水浇灌积雪一样了。”

曾参又说："这样的治国方法确实是最好的了，只是我不足以进一步深入理解它。"

孔子说："你以为这些就够了吗？还有呢！古代圣明的君主治理百姓，按照法规，一定要把土地分封下去，分别派官吏来治理。这样，贤良的人不会被埋没，顽劣的暴民也无处隐藏。派主管官员经常视察，定时考核，进用贤良的人，罢免贬斥才能品德差的官员。这样一来，贤良的人就会愉快，而才能品德差的官员就会害怕。怜悯无妻或丧妻的老年男子和无夫或丧夫的老年妇女，抚养幼年失父的孤儿和老年无子的人，同情穷苦贫困的人，诱导百姓孝敬父母，尊重兄长，选拔有才能的人。一个国家做到这七个方面，那么四海之内就没有犯罪的人了。身居上位的人爱护百姓，如同手足爱护腹心；那么百姓爱戴居上位者，也如同幼儿对待慈母。上下能如此相亲，上面的命令百姓就会听从，措施也得以推行，民众会感怀他的德政，身边的人会心悦诚服，远方的人会来归附，这真是政治所达到的最高境界。伸开手指可以知道寸的长短，伸开手可以知道尺的长短，展开肘臂可以知道寻有多长，这是近在身边的准则。周代的制度以三百步为一里，一千步见方为一井，三井合为一埒，三埒成为一矩，五十里的疆域可以建大城市，分封百里的土地可以建国都，这是为了积蓄生活所需的物品，让安居的人帮助居无定所的人。因此，偏远地方的少数民族，虽然服装不同，言语不通，没有不归服的。所以说，没有市场交易百姓也不缺乏生活用品，没有严刑峻法社会秩序也不会混乱。捕猎野兽鱼鳖不是为了充盈宫室，征敛赋税也不是为了充实国库，这样精心地准备是为了补救灾年的不足，用礼节来防范淫逸奢靡。多一些诚信少一些文饰，礼法就会得到遵守，国君的话百姓就会听信，国君的行为就会成为百姓的表率。国君和百姓的关系就像饿了要吃饭，渴了要喝水一样。百姓信任国君就像相信寒来暑往的规律一样。国君离百姓虽远，可觉得就像在身边一样，这不是距离近，而是四海之内都可看到圣明的德政。所以不动用武力就有威慑之力，不必赏赐财物臣民自然亲附，这就是所说的圣明国君守御国家的方法，也是能打败千里之外敌人的原因。"

曾参又问："敢问什么是'三至，呢？"

孔子回答说："最高的礼节是不谦让而天下得到治理，最高的奖赏是不耗费财物而天下的士人都很高兴，最美妙的音乐是没有声音而使百姓和睦。圣明的国君努力做到这三种极致，就可以知道谁是能治理好天下的国君，天下的士人都可以成为他的臣子，天下的百姓都能为他所用。"

曾参问："敢问这是什么意思呢？"

孔子回答说："古代圣明的国君必定知道天下所有贤良士人的名字，既知道他们的名字，又知道他们的实际才能，还知道他们的人数，以及他们所住的地方。然后把天下的爵位封给他们使他们得到尊崇，这就是最高的礼节不谦让而天下得到治理。用天下的禄位使天下的士人得到富贵，这就是最高的奖赏不耗费财物而天下的士人都会高兴。如此，天下的人就会重视名誉，这就是最美妙的音乐没有声音而使百姓和睦。所以说，天下最仁慈的人，能亲和天下至亲的人；天下最明智的人，能任用天下使百姓和睦的人；天下最英明的人，能任用天下最贤良的人。这三方面都做到了，然后可以向外征伐。因此，仁慈者莫过于爱护人民，有智者莫过于知道贤人，善于执政的君主，莫过于选拔贤能的官吏。拥有疆土的国君能做到这三点，那么天下的人都可以与他同呼吸共命运了。圣明君主征伐的国家，必定是礼法废弛的国家，所以要杀掉他们的国君来改变这个国家的政治，抚慰这个国家的百姓而不掠夺他们的财物。因此圣明君主的政治就像及时雨，降下百姓就欢愉。所以，他的教化施行的范围越广博，得到亲附的民众越多，这就是军队出征能得胜还朝的原因。"

大婚解第四

这是孔子和鲁哀公讨论婚礼意义的对话，其中涉及许多孔子的政治思想。对话先从人道谈起，孔子认为，人道中政治是第一位的。如何为政，要做到三点：夫妇别，男女亲，君臣信。然后提出“爱与敬”是“政之本”，而婚礼正是爱与敬的体现。能“成亲”“成身”，从而使人道与天道合一。这篇内容又见于《礼记·哀公问》和《大戴礼记·哀公问于孔子》，文字互有同异，也可互为补充。本文“男女亲”，《礼记·哀公问》和《大戴礼记·哀公问于孔子》均作“父子亲”，似乎后者义见长。本书“人道政为大”后，《礼记》《大戴礼》均有“公曰：‘敢问何谓为政？’孔子对曰”数字，文字显得顺畅。本书“百姓与名，谓之君子，则是成其亲为君而为其子也”，语义不甚明确，《礼记》《大戴礼》作“百姓归之名，谓之君子之子，是使其君为君子也，是谓成其亲之名也”，语义十分明确。本书“爱政而不能爱人”，《礼记》《大戴礼》作“古之为政，爱人为大，为政而不能爱人”，显然语义完整。本书“不能乐天”后，《礼记》《大戴礼》后有“不能乐天，不能成其身”，正好和哀公问“成身”相呼应。但也有本书记载优于他书的，如《礼记》《大戴礼》说“寡人蠢愚冥烦，子识之心也”，本书作“寡人且愚冥，幸烦子志之于心也”，甚明畅。

原文

孔子侍坐于哀公①，公曰：“敢问人道孰为大？”

孔子愀然作色而对曰②：“君之及此言也，百姓之惠也。固臣敢无辞而对：人道政为大。夫政者，正也。君为正，则百姓从而正矣。君之所为，百姓之所从。君不为正，百姓何所从乎！”

公曰：“敢问为政如之何？”

孔子对曰：“夫妇别，男女亲③，君臣信④。三者正，则庶物从之。”

公曰：“寡人虽无能也，愿知所以行三者之道，可得闻乎？”

孔子对曰：“古之政，爱人为大；所以治爱人，礼为大；所以治礼，敬为大；敬之至矣，大婚为大；大婚至矣，冕而亲迎。亲迎者，敬之也。是故君子兴敬为亲，舍敬则是遗亲也。弗亲弗敬，弗尊也。爱与敬，其政之本与？”

公曰：“寡人愿有言也。然冕而亲迎，不已重乎？”

孔子愀然作色而对曰：“合二姓之好，以继先圣之后，以为天下宗庙社稷之主，君何谓已重焉？”

公曰：“寡人实固⑤，不固安得闻此言乎！寡人欲问，不能为辞，请少进。”

孔子曰：“天地不合，万物不生。大婚，万世之嗣也⑥，君何谓已重焉？”孔子遂言曰：“内以治宗庙之礼，足以配天地之神⑦；出以治直言之礼，足以立上下之敬。物耻则足以振之，国耻则足以兴之。故为政先乎礼，礼其政之本与！”孔子遂言曰：“昔三代明王，必敬妻子也，盖有道焉。妻也者，亲之主也。子也者，亲之后也。敢不敬与？是故，君子无不敬。敬也者，敬身为大。身也者，亲之支也，敢不敬与？不敬其身，是伤其亲；伤其亲，是伤其本也；伤其本，则支从之而亡。三者，百姓之象也⑧。身以及身，子以及子，妃以及妃，君以修此三者，则大化忾乎天下矣，昔太王之道也。如此，国家顺矣。”

公曰：“敢问何谓敬身？”

孔子对曰：“君子过言则民作辞⑨，过行则民作则。言不过辞，动不过则，百姓恭敬以从命。若是，则可谓能敬其身，敬其身则能成其亲矣。”

公曰：“何谓成其亲？”

孔子对曰：“君子者也，人之成名也。百姓与名，谓之君子，则是成其亲为君而为其子也。”孔子遂言曰：“爱政而不能爱人，则不能成其

身；不能成其身，则不能安其土；不能安其土，则不能乐天；不能乐天，则不能成身。"'

公曰："敢问何能成身？"

孔子对曰： "夫其行己不过乎物，谓之成身。不过乎物，合天道也。"

公曰："君子何贵乎天道也？"

孔子曰："贵其不已也。如日月东西相从而不已也，是天道也；不闭而能久，是天道也；无为而物成，是天道也；已成而明之，是天道也。"

公曰："寡人且愚冥，幸烦子志之于心也。"

孔子蹴然避席而对曰："仁人不过乎物，孝子不过乎亲。是故，仁人之事亲也如事天，事天如事亲，此谓孝子成身。"

公曰："寡人既闻如此言也，无如后罪何⑩？"

孔子对曰："君之及此言，是臣之福也。"

注释

①哀公：鲁定公之子，名将。

②愀（qiǎo）然：忧惧貌。作色：变了脸色。

③男女亲：《礼记·哀公问》《大戴礼·哀公问于孔子》作"父子亲"。

④君臣信：《礼记·哀公问》作"君臣严"。《大戴礼·哀公问于孔子》作"君臣义"。

⑤固：鄙陋。这是哀公自谦之词

⑥万世之嗣：使朝代延续万代的子孙后代。嗣，后嗣、子孙。

⑦足以配天地之神：此指宗庙是仅次于天地的神，即能和天地之神相配。

⑧百姓之象：此指百姓会按照国君的做法去做。象：形貌，样子。旧注："言百姓之所法而行。"

⑨过言：言辞错误。

⑩无如后罪何：将来出了过错怎么办呢？旧注："言寡过之难也。"

译文

孔子陪坐在鲁哀公身边。鲁哀公问道："请问治理民众的方法，什么是最重要的？"

孔子听了，神情变得严肃起来，回答说："君王提出这样的问题，真是百姓的福气！所以我不敢推辞，要回答。治民的方法以政治最为重要。政的意思就是正。国君从政行得正，那么百姓就会跟着做得正了。国君的所作所为，百姓会加以仿效。国君如果做得不正，那么百姓跟他学什么呢？"

鲁哀公说："请问如何治理政事呢？"

孔子回答说；"夫妇之间要讲尊卑，男女之间要讲亲情，君臣之间要有信义。这三件事做好了，那么其他的许多事就可以做好了。"

哀公说："我虽然无能，也希望知道抓这三点的办法，可以说给我听听吗？"

孔子回答说："古时候的人治理政事，爱护关心别人最重要。要做到爱护关心别人，施行礼仪最重要。施行礼仪，恭敬最重要。竭尽恭敬，以天子诸侯的婚姻最重要。结婚的时候，君王要穿礼服戴礼帽亲自迎亲，亲自迎亲就是敬。所以君子讲究敬，以敬求亲，舍弃敬也就丢掉亲。不亲不敬，也就没有尊贵，爱和敬是治事的根本。"

哀公说："我还想问问您，天子诸侯穿冕服亲自去迎亲，不是太隆重了吗？"

孔子脸色更加严肃地回答说："婚姻是两个不同姓氏的和好，以便延续祖宗的后嗣，使之成为天地、宗庙、社稷祭祀的主人。您怎么能说太隆重了呢？"

哀公说："我这个人很浅陋，不浅陋，怎么能听到您这番话呢？我想问，又找不到合适的言辞，请慢慢给我讲一讲吧。"

孔子说："天地阴阳不交合，万物就不会生长。天子诸侯的婚姻，是诞生使社稷延续万代的后嗣的大事，怎么能说太隆重了呢？"孔子接着又说："夫妇对内主持宗庙祭祀的礼仪，足以与天地之神相配；对外掌管发布政教号令，能够确立君臣上下之间的恭敬之礼。事情不合礼可以改变，国家有丧乱可以振兴。所以治理政事先要有礼，礼不就是执政的根本吗？”孔子继续说：“从前夏商周三代圣明的君主治理政事，必定敬重他们的妻子，这是有道理的。妻子是祭祀宗祧的主体，儿子是传宗接代的人，能不敬重吗？所以君子对妻儿没有不敬重的。敬这件事，敬重自身最为重要。自身，是亲人的后代，能够不敬重吗？不敬重自身，就是伤害了亲人；伤害了亲人，就是伤害了根本；伤害了根本，支属就要随之灭绝。自身、妻子、儿女这三者，百姓也像国君一样都是有的。由自身想到百姓之身，由自己的儿子想到百姓的儿子，由自己的妻子想到百姓的妻子，国君能做到这三方面的敬重，那么教化就通行天下了，这是从前太王实行的治国方法。能够这样，国家就顺畅了。”

哀公问：“请问什么是敬重自身？”

孔子回答说：“国君说错了话民众就跟着说错话，国君做错了事民众就跟着效法。国君不说错话，不做错事，百姓就会恭恭敬敬地服从国君的号令了。如果能做到这点，就可以说能敬重自身了，这样就能成就其亲人了。”

哀公问：“什么是成就其亲人？”

孔子回答道：“所谓君子，就是有名望的人。百姓送给他的名称，称作君子，就是称他的亲人为有名望的人，而他是有名望人的儿子。”孔子接着说：“只注重政治而不能爱护民众，就不能成就自身；不能成就自身，就不能使自己的国家安定；不能使自己的国家安定，就不能无忧无虑。”

哀公问：“请问怎样做才能成就自身呢？”

孔子回答说：“自己做任何事都合乎常理，不越过界限，就可以说成就自身了。不逾越常理，就是合乎天道。”

哀公问：“请问君子为何尊重天道呢？”

孔子回答说：“尊重它是因为它不停顿地运行，就像太阳月亮每天东升西落一样，这就是天道；运行无阻而能长久，这也是天道；不见有所作为而万物发育成长，这也是天道；成就了自己而功业也得到显扬，这也是天道。”

哀公说：“我实在愚昧，幸亏您耐心地给我讲这些道理。”

孔子恭敬地离开坐席回答说：“仁人不能逾越事物的自然法则，孝子不能超越亲情的规范。因此仁人侍奉父母，就如同侍奉天一样；侍奉天，就如同侍奉父母一样。这就是所说的孝子成就自身。”

哀公说：“我既然听到了这些道理，将来还会有过错怎么办呢？”

孔子说：“您能说出这样的话，这是臣下的福分啊！”

儒行解第五

这是一篇孔子和鲁哀公的对话。文中生动地叙述了儒者应该具有什么样的道德行为。文中称儒者待聘、待问、待举、待取，但人格是自立的，容貌是礼让的。是有待、有为，有准备的。儒者不宝金玉，不祈土地，不求多积，但讲求仁义、忠信。儒者不贪、不淫、不惧、不慑、不亏义、不更守，是特立的。儒者是刚毅的。儒者戴仁而行，抱德而处，虽有暴政，也不逃避，精神是自立的。儒者处贫贱之中，屋小门敝，无衣无食，但不疑不谄。儒者稽古察今，今世人望，后世楷模，身危而志不能夺，忧国忧民，有忧思意识。儒者有各种美德，但能"慕贤而容众，毁方而瓦合"，有宽容精神。儒者能大公无私，举贤援能。儒者"同己不与，异己不非"，完全"特行独立"。儒者可以"上不臣天子，下不事诸侯"，高尚其志。儒者还有交游之道，讲究尊让。特别提出"温良"为"仁之本"，"慎敬"为"仁之地"，"宽裕"为"仁之作"，"逊接"为"仁之能"，"礼节"为"仁之貌"，"言谈"为"仁之文"，"歌乐"为"仁之和"，"分散"为"仁之施"，这样一个结构性思维，有利于仁的体系化。本篇又见于《礼记·儒行》。

原文

孔子在卫[①]，冉求言于季孙曰："国有圣人而不能用，欲以求治，是犹却步而欲求及前人，不可得已。今孔子在卫，卫将用之。己有才而以资邻国，难以言智也，请以重币迎之[②]。"季孙以告哀公，公从之。

孔子既至，舍哀公馆焉。公自阼阶，孔子宾阶，升堂立侍。

公曰："夫子之服，其儒服与？"

孔子对曰："丘少居鲁，衣逢掖之衣④。长居宋，冠章甫之冠。丘闻之，君子之学也博，其服以乡，丘未知其为儒服也。"

公曰："敢问儒行？"

孔子曰："略言之，则不能终其物；悉数之，则留仆未可以对⑤"。

哀公命席，孔子侍坐，曰："儒有席上之珍以待聘，夙夜强学以待问，怀忠信以待举，力行以待取。其自立有如此者。

"儒有衣冠中，动作慎，其大让如慢，小让如伪。大则如威，小则如媿。难进而易退，粥粥若无能也⑥。其容貌有如此者。

"儒有居处齐难⑦，其起坐恭敬，言必诚信，行必忠正。道涂不争险易之利，冬夏不争阴阳之和。爱其死以有待也，养其身以有为也。其备预有如此者。

"儒有不宝金玉而忠信以为宝，不祈土地而仁义以为土地，不求多积而多文以为富。难得而易禄也，易禄而难畜也⑧。非时不见，不亦难得乎？非义不合，不亦难畜乎？先劳而后禄，不亦易禄乎？其近人情有如此者。

"儒有委之以财货而不贪，淹之以乐好而不淫，劫之以众而不惧，阻之以兵而不慑。见利不亏其义，见死不更其守。鸷虫攫搏不程其勇⑨，引重鼎不程其力。往者不悔，来者不豫。过言不再，流言不极⑩。不断其威，不习其谋，其特立有如此者。

"儒有可亲而不可劫，可近而不可迫，可杀而不可辱。其居处不过，其饮食不溽，其过失可微辩而不可面数也。其刚毅有如此者。

"儒有忠信以为甲胄，礼义以为干橹⑪，戴仁而行，抱义而处，虽有暴政，不更其所。其自立有如此者。

"儒有一亩之宫，环堵之室⑫，荜门圭窬，蓬户瓮牖⑬。易衣而出，并日而食。上答之，不敢以疑；上不答之，不敢以谄。其为士有如此者。

"儒有今人以居，古人以稽⑭；今世行之，后世以为楷。若不逢世，上所不受，下所不推，诡谄之民有比党而危之者，身可危也，其志不可夺也。虽危起居，犹竟信其志，乃不忘百姓之病也。其忧思有如此者。

"儒有博学而不穷，笃行而不倦，幽居而不淫，上通而不困。礼必以和，优游以法⑮，慕贤而容众，毁方而瓦合。其宽裕有如此者。

“儒有内称不避亲，外举不避怨。程功积事[16]，不求厚禄。推贤达能，不望其报。君得其志，民赖其德。苟利国家，不求富贵。其举贤援能有如此者。

“儒有澡身浴德，陈言而伏。静言而正之，而上下不知也。默而翘之[17]，又不急为也。不临深而为高，不加少而为多。世治不轻，世乱不沮[18]。同己不与，异己不非。其特立独行有如此者。

“儒有上不臣天子，下不事诸侯，慎静尚宽，底厉廉隅。强毅[19]以与人，博学以知服。虽以分国，视之如锱铢[20]，弗肯臣仕。其规为有如此者。

“儒有合志同方，营道同术。并立则乐，相下不厌。久别则闻流言不信，义同而进，不同而退。其交有如此者。

“夫温良者仁之本也，慎敬者仁之地也，宽裕者仁之作也，逊接者仁之能也，礼节者仁之貌也，言谈者仁之文也，歌乐者仁之和也，分散者仁之施也。儒皆兼此而有之，犹且不敢言仁也。其尊让有如此者。

“儒有不陨获于贫贱，不充诎[21]于富贵，不溷君王，不累长上，不闵有司，故曰儒。今人之名儒也妄，常以儒相诟疾。”

哀公既得闻此言也，言加信，行加敬，曰：“终殁吾世，弗敢复以儒为戏矣!”

注释

①卫：春秋时国名。周武王弟康叔封地。治所在今河北南部、河南北部一带。

②重币：丰厚的礼物。指贵重的玉、帛、马匹等物品。

③阼（zuò）阶：东阶。古代以阼为主人之位。

④逢掖之衣：宽袖之衣，古代儒者所服。旧注：“深衣之褎大也。”

⑤留仆：使太仆长时间侍奉，以致疲倦。指时间长。

⑥粥粥（yù）：谦卑的样子。

⑦齐难：庄重严肃。旧注：“齐庄可畏难也。”

⑧难畜：难以留住。畜：容留。

⑨鸷虫攫搏不程其勇：鸷虫：猛鸟猛兽。攫搏：指鸟兽之抓取、搏

击。程：显示。

⑩流言不极：对流言不追根问底。极：极点，极限。旧注：“流言相毁，不穷极也。”

⑪干橹：盾。小盾为干，大盾为橹。

⑫环堵之室：旧注：“方丈曰堵，一堵言其小者也。”

⑬蓬户瓮牖：用蓬草编门，以破瓮之口做窗户。

⑭稽：旧注：“稽，同。”

⑮优游：平和自在。旧注：“和也。”

⑯程功积事：度量功绩，积累事实

⑰默而翘之：默默地翘首等待。

⑱不沮：不沮丧。

⑲强毅：刚强坚毅。

⑳锱铢：比喻微小的东西。锱铢：古代重量单位，六铢为一锱，四锱为一两。旧注：“视之轻如锱铢，十藁为铢，八两为锱。”

㉑充诎：自满而失去节制。旧注：“充诎，骄吝也。一说踊跃参扰之貌。”

译文

孔子在卫国，冉求对季孙氏说：“国家有圣人却不能用，这样想治理好国家，就好像倒着走却又想赶上前面的人一样，是不可能的。现在孔子在卫国，卫国将要任用他，我们自己有人才却去帮助邻国，难以说是明智之举。请您用丰厚的聘礼把他请回来。”季孙氏把冉求的建议禀告了鲁哀公，鲁哀公听从了这一建议。

孔子回到鲁国，住在鲁哀公招待客人的馆舍里。哀公从大堂东面的台阶走上前，来迎接孔子，孔子从大堂西面的台阶上来晋见哀公，然后来到大堂里，孔子站着陪哀公说话。

鲁哀公问孔子说：“先生穿的衣服，是儒者的服装吗？”

孔子回答说：“我小时候住在鲁国，穿的是宽袖的衣服；长大后住在宋国，戴的是缁布做的礼冠。我听说，君子学问要广博，穿衣服要随其乡俗。我不知道这是不是儒者的服装。”

鲁哀公问：“请问儒者的行为是什么样的呢？”

孔子回答说：“粗略地讲，不能把儒者的行为讲完；如果详细地讲，讲到侍御的人换班也难以讲完。”

鲁哀公让人设席，孔子陪坐在旁边，说：“儒者如同席上的珍品，等待别人来采用，昼夜不停地学习等待别人来请教，心怀忠信等待别人举荐，努力做事等待别人录用。儒者自修立身就是这样的。

“儒者的衣冠适中，行为谨慎。对大事的辞让好像很傲慢，对小事的辞让好像很虚伪。做大事时神态慎重，好像心有畏惧。做小事时小心谨慎，好像心中有愧。不与人争先，而讲究退让，柔弱的样子像是无能。儒者的容貌就是这样的。

“儒者的起居庄重谨慎，坐立行走恭敬，讲话一定诚信，行为必定中正。在路途不与人争好走的路，冬夏之季不与人争冬暖夏凉的地方。不轻易赴死，以等待值得牺牲生命的事情，保养身体，以期待有所作为。儒者预先准备就是这样的。

“儒者宝贵的不是金玉，而是忠信，不谋求占有土地，而把仁义当作土地，不求积蓄很多财富，而把学问广博作为财富。儒者难以得到，却容易供养，容易供养，却难以留住。不到适当的时候不会出现，不是很难得到吗？不正义的事情就不合作，不是很难留住他们吗？先效力而后才要俸禄，不是很容易供养吗？儒者近乎人情就是这样的。

“儒者对于别人委托的财货，不会有贪心，身处玩乐之境，而不会沉迷，众人威逼也不惧怕，用武力威胁也不会恐惧。见利不会忘义，见死不改操守。遇到猛禽猛兽的攻击，不度量自己的力量而与之搏斗，推举重鼎，不度量自己的力量尽力而为。对过往的事情不追悔，对未来的事情不疑虑。错话不说两次，流言不去追究。时常保持威严，不学习什么权谋。儒者的特立独行就是这样的。

“儒者可以亲近，而不可以胁迫，可以接近，而不可以威逼，可以杀头，而不可侮辱。他们的居处不奢侈，他们的饮食不丰厚，他们的过失可以委婉地指出，不可以当面数落。儒者的刚强坚毅就是这样的。

“儒者以忠信作为铠甲，以礼仪作为盾牌，心中想着仁去行动，怀抱着义来居处，即使遇到暴政，也不改变操守。儒者的自立就是这样的。

“儒者有一亩地的宅院，居住着一丈见方的房间，荆竹编的院门狭小如洞，用蓬草编作房门，用破瓮口作为窗框。外出时才换件遮体的衣服，一天的饭并为一顿吃。君上采纳他的建议，不敢产生怀疑；君上不采纳他的建议，也不敢谄媚求进。儒者做官的原则就是这样的。

“儒者与今人一起居住，而以古人的道德标准要求自己；儒者今世的行为，可以作为后世的楷模。如果生不逢时，上面没人援引，下面没人推荐，进谗谄媚的人又合伙来陷害他，只可危害他的身体，而不可剥夺他的志向。虽然能危害他的生活起居，最终他还要伸展自己的志向，仍将不忘百姓的痛苦。儒者的忧思就是这样的。

“儒者广博地学习而无休止，专意实行而不倦怠，独处时不放纵自己，通达于上时不离道义。遵循以和为贵的原则，悠然自得而有节制。仰慕贤人而容纳众人，有时可削减自己的棱角而依随众人。儒者的宽容大度就是这样的。

“儒者举荐人才，对内不避亲属，对外不避有仇怨的人。度量功绩，积累事实，不谋求更高的禄位。推荐贤能而进达于上，不祈望他们的报答。国君满足了用贤的愿望，百姓依仗他的仁德。只要有利于国家，不贪图个人的富贵。儒者的举贤荐能就是这样的。

“儒者沐身心于道德之中，陈述自己的意见而伏听君命。平静地纠正国君的过失，君上和臣下都难以觉察。默默地等待，不急于去做。不在地位低下的人面前显示自己高明，不把少的功劳夸大为多。国家大治的时候，群贤并处而不自轻；国家混乱的时候，坚守正道而不沮丧。不和志向相同的人结党，也不诋毁和自己政见不同的人。儒者的特立独行就是这样的。

“儒者中有这样一类人，对上不做天子的臣下，对下不事奉诸侯，谨慎安静而崇尚宽厚，磨炼自己端方正直的品格。待人接物刚强坚毅，广博地学习而又知所当行。即使把国家分给他，他也看做锱铢小事，不肯做别人的臣下和官吏。儒者规范自己的行为就是这样的。

“儒者交朋友，要有相同的志趣，研究道艺有相同的方法。彼此有建树都感到高兴，不得志也不互相厌恶。长时间不见面，听到流言飞语也不相信。志向相同就进一步交往，志向不同就退避疏远。儒者交朋友的态度就是这样的。

“温和善良是仁的根本，恭敬谨慎是仁的实质。宽容是仁的发扬，谦逊是仁的能力，礼节是仁的外表，言谈是仁的文采。歌舞音乐是仁的和谐，分散财物是仁的施行。儒者兼有这几种美德，还不敢说已经做到仁了。儒者的恭敬谦让就是这样的。

“儒者不因贫贱而灰心丧气，不因富贵而得意忘形。不玷辱君王，不拖累长上，不给有关官吏带来困扰，具备以上各点，因此叫做儒。现今人们对儒这个名称的理解是虚妄不实的，经常被人称作儒来相互讥讽。”

鲁哀公听到这些话后，自己说话更加守信，行为更加严肃。说：“直到我死，再不敢拿儒者开玩笑了。”

问礼第六

这篇是讲礼的重要意义的。首先说明礼在事天地之神，辨尊卑之位，别亲疏，与万民同利等方面的作用，同时批评现实好利无厌，淫行荒怠，禁锢人民，虐杀刑诛等非礼治现象。本文又见于《礼记·哀公问》和《大戴礼·哀公问孔子》。

原文

哀公问于孔子曰："大礼何如①？子之言礼，何其尊也？"孔子对曰："丘也鄙人，不足以知大礼也。"公曰："吾子言焉！"

孔子曰："丘闻之，民之所以生者，礼为大。非礼则无以节事天地之神焉，非礼则无以辩君臣上下长幼之位焉，非礼则无以别男女父子兄弟婚姻亲族疏数之交焉。是故君子此之为尊敬，然后以其所能教顺百姓，不废其会节②。既有成事，而后治其文章黼黻，以别尊卑上下之等。其顺之也，而后言其丧祭之纪③，宗庙之序④。品其牺牲⑤，设其豕腊，修其岁时，以敬其祭祀，别其亲疏，序其昭穆⑥。而后宗族会燕，即安其居，以缀恩义。卑其宫室，节其服御⑦，车不雕玑，器不彫镂⑧，食不二味，心不淫志，以与万民同利。古之明王行礼也如此。"

公曰："今之君子胡莫之行也⑨？"

孔子对曰："今之君子，好利无厌，淫行不倦，荒怠慢游，固民是尽⑩。以遂其心，以怨其政，以忤其众，以伐有道。求得当欲不以其所，虐杀刑诛不以其治。夫昔之用民者由前，今之用民者由后。是即今之君子莫能为礼也。"

注释

①大礼：隆重的礼仪。

②会节：旧注："会指理之所聚而不可遗处，节谓分之所限而不可过处。"意指最重要的礼和最高的界限。

③丧祭：葬后的祭礼。纪：法度规矩。

④宗庙之序：宗庙祭祀的礼节。序，次序。这里引申为礼节。

⑤牺牲：供祭祀用的牲畜。

⑥昭穆：古代宗法制度，宗庙或墓地的辈次排列。以始祖居中，二世、四世、六世位于始祖左方，称昭；三世、五世、七世位于右方，称穆，用来分别宗族内部的长幼、亲疏和远近。

⑦节其服御：节省日常用度。服御：衣服车马之类。

⑧影镂：雕刻，刻镂。

⑨胡：何，为什么。莫：没有人。

⑩固：坚持，一定。

译文

鲁哀公向孔子请教说："隆重的礼仪是什么样的？您为什么把礼说得那么重要呢？"孔子回答道："我是个鄙陋的人，不足以了解隆重的礼节。"鲁哀公说："您还是说说吧！"

孔子回答道："我听说，在老百姓生活中，礼仪是最重要的。没有礼就不能有节制地侍奉天地神灵，没有礼就无法区别君臣、上下、长幼的地位，没有礼就不能分别男女、父子、兄弟的亲情关系以及婚姻亲族交往的亲疏远近。所以，君主把礼看得非常重要，认识到这一点之后，用他所了解的礼来教化引导百姓，使他们懂得礼的重要和礼的界限。等到礼的教化卓有成效之后，才用文饰器物和礼服来区别尊卑上下。百姓顺应礼的教化后，才谈得上丧葬祭祀的规则、宗庙祭祀的礼节。安排好祭祀用的牺牲，布置好祭神祭祖用的干肉，每年按时举行严肃的祭礼，以表达对神灵、先祖的崇敬之心，区别血缘关系的亲疏，排定昭穆的次序。祭祀以后，亲属在一起饮宴，依序坐在应坐的位置上，以联结彼此的亲情。住低矮简陋的居室，穿俭朴无华的衣服，车辆不加雕饰，器具不刻镂花纹，饮食不讲究滋味，内心没有过分的欲望，和百姓同享利益。以前的贤明君主就是这样讲礼节的。”

鲁哀公问：“现在的君主为什么没有人这样做了呢?”

孔子回答说：“现在的君主贪婪爱财，没有满足的时候，放纵自己的行为，不感到厌倦，放荡懒散，而又态度傲慢，固执地搜刮尽人民的资财。为满足自己的欲望，不顾招致百姓的怨恨，违背众人的意志，去侵犯政治清明的国家。只求个人欲望得到满足，而不择手段，残暴地对待人民，而肆意刑杀，不设法使国家得到治理。以前的君主统治民众，是用前面说的办法，现在的君主统治民众，是用后面说的办法。这说明现在的君主不能修明礼教。”

五仪解第七

本篇第一段主要讲五仪。所谓“五仪”就是指五个等次的人的特征。这五个等次是：庸人、士人、君子、贤人、圣人。他们各有特点，境界也由低向高。最后一问思想价值很高。鲁哀公自称“寡人生于深宫之内，长于妇人之手，未尝知哀，未尝知忧，未尝知劳，未尝知惧，未尝知危，恐不足以行五仪之教”，孔子告诉他如何思哀、思忧、思劳、思惧，很有借鉴意义。这一段又见于《荀子·哀公》，只是《荀子》各自成段，本篇连到一起。《大戴礼·哀公问五义》也有本篇，只是缺“寡人生于深宫之内”一段，里面还有句子脱落，似乎本篇较完整。《新序·杂事四》也有“寡人生于深宫之内”一段。下一段孔子提出一个重要论断：“存亡祸福，皆己而已。”反对天命说。并举历史事实，警告君主“侧身修行，思先王之政，明养民之道”，可以使“灾妖不胜善政”。本段又见于《说苑·敬慎》。

原文

哀公问于孔子曰：“寡人欲论鲁国之士，与之为治，敢问如何取之？”

孔子对曰：“生今之世，志古之道；居今之俗，服古之服。舍此而为非者[①]，不亦鲜乎？”

曰：“然则章甫、絇履、绅带、缙笏者，皆贤人也？”

孔子曰：“不必然也。丘之所言，非此之谓也。夫端衣玄裳[②]，冕而乘轩者，则志不在于食荤；斩衰菅菲[③]，杖而歠粥者，则志不在于酒肉。生今之世，志古之道；居今之俗，服古之服，谓此类也。”

公曰：“善哉！尽此而已乎？”

孔子曰：“人有五仪[④]，有庸人，有士人，有君子，有贤人，有圣人。

审此五者，则治道毕矣。”

公曰：“敢问何如，斯可谓之庸人？”

孔子曰：“所谓庸人者，心不存慎终之规，口不吐训格之言[5]，不择贤以托其身，不力行以自定。见小暗大，而不知所务；从物如流，不知其所执。此则庸人也。”

公曰：“何谓士人？”

孔子曰：“所谓士人者，心有所定，计有所守，虽不能尽道术之本[6]，必有率也；虽不能备百善之美，必有处也。是故知不务多，必审其所知；言不务多，必审其所谓；行不务多，必审其所由。智既知之，言既道之，行既由之，则若性命之形骸之不可易也[7]。富贵不足以益，贫贱不足以损。此则士人也。”

公曰：“何谓君子？”

孔子曰：“所谓君子者，言必忠信而心不怨，仁义在身而色无伐，思虑通明而辞不专。笃行信道，自强不息。油然若将可越[8]，而终不可及者。此则君子也。”

公曰：“何谓贤人？”

孔子曰：“所谓贤人者，德不逾闲，行中规绳[9]。言足以法于天下而不伤于身，道足以化于百姓而不伤于本。富则天下无宛财，施则天下不病贫。此则贤者也。”

公曰：“何谓圣人？”

孔子曰：“所谓圣人者，德合于天地，变通无方。穷万事之终始，协庶品之自然，敷其大道而遂成情性。明并日月，化行若神。下民不知其德，睹者不识其邻。此谓圣人也。”

公曰：“善哉！非子之贤，则寡人不得闻此言也。虽然，寡人生于深宫之内，长于妇人之手，未尝知哀，未尝知忧，未尝知劳，未尝知惧，未尝知危，恐不足以行五仪之教。若何？”

孔子对曰：“如君之言，已知之矣，则丘亦无所闻焉。”

公曰：“非吾子，寡人无以启其心。吾子言也。”

孔子曰：“君入庙，如右[10]，登自阼阶，仰视榱桷，俯察机筵[11]，其器皆存，而不睹其人。君以此思哀，则哀可知矣。昧爽夙兴，正其衣冠；平旦视朝⑫，虑其危难。一物失理，乱亡之端。君以此思忧，则忧可知矣。日出听政，至于中冥，诸侯子孙，往来为宾，行礼揖让，慎其威仪。君以此思劳，则劳亦可知矣。缅然长思⑬，出于四门，周章远望，睹亡国之墟，必将有数焉。君以此思惧，则惧可知矣。夫君者，舟也；庶人者，水也。水所以载舟，亦所以覆舟。君以此思危，则危可知矣。君既明此五者，又少留意于五仪之事，则于政治何有失矣！”

注释

①舍此：旧注：“舍，读去声，训为‘处’。”意为处于这种境况的人，有此种作为的人。

②端衣玄裳：指穿着礼服。端衣：古代祭祀时所穿的礼服。玄：黑红色。

③斩衰：古代丧服，用粗麻布做成，不缝边。菅菲：据《荀子·哀公》当作“菅屦”，草鞋。

④五仪：五个等次。

⑤训格：规范，典范。

⑥道术：道德学术。

⑦形骸：人的形体、躯壳。

⑧油然：从容安闲的样子。

⑨规绳：指规范、法则。规：校正圆形的用具。绳：木工用的墨线。

⑩君入庙，如右：君：指国君。如右：《荀子·哀公》作“而右”，指从右边走。古人以右为尊。

⑪机筵：筵席。也作“几筵”。

⑫平旦：清晨。

⑬缅然：悠思貌。

译文

鲁哀公向孔子问道：“我想谈谈鲁国的人才，和他们一起治理国家，请问先生怎么选拔人才呢？”

孔子回答说：“生活在当今的时代，却倾慕古代的道德礼仪；依现代的生活习俗而生活，却穿着古代的儒服。有这样的行为而为非作歹的人，不是很少见吗？”

哀公问：“那么戴着殷代的帽子，穿着鞋头上有装饰的鞋子，腰上系着大带子并把笏板插在带子里的人，都是贤人吗？”。

孔子说：“那倒也不一定。我刚才说的话，并不是这个意思。那些穿着礼服，戴着礼帽，乘着车子去行祭祀之礼的人，他们的志向不在于食荤；穿着用粗麻布做成的丧服，穿着草鞋拄着丧杖喝粥来行丧礼的人，他们的志向不在于酒肉。生活在当今的时代，却倾慕古代的道德礼仪；依现代的习俗生活，却穿着古代的儒服，我说的是这一类人。”

哀公说：“你说得真好！就仅仅是这些吗？”

孔子回答道：“人分五个等级，分为庸人、士人、君子、贤人、圣人，分清这五类人，那治世的方法就都具备了。”

哀公问道：“请问什么样的人叫做庸人呢？”

孔子回答说：“所谓庸人，他们心中没有谨慎行事、善始善终的原则，口中说不出有道理的话，不选择贤人善士作为自己的依靠，不努力行事使自己得到安定的生活。他们往往小事明白，大事糊涂，不知道自己在忙些什么；凡事随大流，不知道自己所追求的是什么。这样的人就是庸人。”

哀公问道：“请问什么是士人？”

孔子回答说：“所谓士人，他们心中有确定的原则，有明确的计划，即使不能尽到行道义治国家的本分，也一定有遵循的法则；即使不能集百善于一身，也一定有自己的操守。因此他们的知识不一定非常广博，但一定要审查自己具有的知识是否正确；话不一定说得很多，但一定要审查说得是否恰当；路不一定走得很多，但一定要明白所走的路是不是正道。知道自己具有的知识是正确的，说出的话是恰当的，走的路是正道，那么这些正确的原则就像性命对于形骸一样不可改变了。富贵不能对自己有所补益，贫贱不能对自己有所损害。这样的人就是士人。”

哀公问：“什么样的人是君子呢？”

孔子回答说："所谓君子，说出的话一定忠信而内心没有怨恨，身有仁义的美德而没有自夸的表情，考虑问题明智通达而话语委婉。遵循仁义之道努力实现自己的理想，自强不息。人们看上去很容易超越他，但终不能达到他那样的境界。这样的人就是君子。"

哀公问："什么样的人称得上是贤人呢？"

孔子回答说："所谓贤人，他们的品德不逾越常规，行为符合礼法。他们的言论可以让天下人效法而不会招来灾祸，道德足以感化百姓而不会给自己带来伤害。他虽富有，天下人不会怨恨；他一施恩，天下人都不贫穷。这样的人就是贤人。"

哀公又问："什么样的人称得上是圣人呢？"

孔子回答说："所谓圣人，他们的品德符合天地之道，变通自如，能探究万事万物的终始，使万事万物符合自然法则，依照万事万物的自然规律来成就它们。光明如日月，教化如神灵。下面的民众不知道他的德行，看到他的人也不知道他就在身边。这样的人就是圣人。"

哀公说："好啊！不是先生贤明，我就听不到这些言论了。虽然如此，但我从小生在深宫之内，由妇人抚养长大，不知道悲哀，不知道忧愁，不知道劳苦，不知道惧怕，不知道危险，恐不足以实行五仪之教。怎么办呢？"

孔子回答说："从您的话中可以听出，您已经明白这些道理了，我也就没什么可对您说的了。"

哀公说："要不是您，我的心智就得不到启发。您还是再说说吧！"

孔子说："您到庙中行祭祀之礼，从右边台阶走上去，抬头看到屋椽，低头看到筵席，亲人使用的器物都在，却看不到他们的身影。您因此感到哀伤，这样就知道哀伤是什么了。天还没亮就起床，衣帽穿戴整齐，清晨到朝堂听政，考虑国家是否会有危难。一件事处理不当，往往会成为国家混乱灭亡的开端。国君以此来忧虑国事，什么是忧愁也就知道了。太阳出来就处理国家大事，直至午后，接待各国诸侯及子孙，还有宾客往来，行礼揖让，谨慎地按照礼法显示自己的威严仪态。国君因此思考什么是辛劳，那么什么是辛劳也就知道了。缅怀远古，走出都门，周游浏览，眺望远方，看到那些亡国的废墟，可见灭亡之国不只一个。国君因此感到惧怕，那么什么是惧怕也就知道了。国君是舟，百姓就是水。水可以载舟，也可以覆舟。国君由此想到危险，那么什么是危险也就知道了。国君明白这五个方面，又稍稍留意国家中的这五种人，那么治理国家还会有什么失误呢?”

原文

哀公问于孔子曰：“夫国家之存亡祸福，信有天命①，非唯人也?”

孔子对曰：“存亡祸福，皆己而已，天灾地妖，不能加也。”

公曰：“善！吾子言之，岂有其事乎?”

孔子曰：“昔者殷王帝辛之世②，有雀生大鸟于城隅焉，占之者曰：‘凡以小生大，则国家必王，而名必昌。’于是帝辛介雀之德③，不修国政，亢暴无极④，朝臣莫救，外寇乃至，殷国以亡。此即以己逆天时，诡福反为祸者也⑤。又其先世殷王太戊之时⑥，道缺法圮，以致夭蘖⑦，桑穀于朝⑧，七日大拱⑨，占之者曰：‘桑穀野木而不合生朝，意者国亡乎?’太戊恐骇，侧身修行，思先王之政，明养民之道，三年之后，远方慕义，重译至者⑩，十有六国。此即以己逆天时，得祸为福者也。故天灾地妖，所以儆人主者也⑪。寤梦征怪⑫，所以儆人臣者也。灾妖不胜善政，寤梦不胜善行。能知此者，至治之极也，唯明王达此。”

公曰：“寡人不鄙固此，亦不得闻君子之教也。”

注释

①信：的确。

②帝辛：即商纣王。

③介雀之德：旧注：“介，助也，以雀之德为助也。”介：因，依赖。

④亢暴：非常残暴。

⑤诡：奇异，怪异。

⑥太戊：商王名。太庚子。时商朝衰微，太戊用伊陟、巫成等贤人，商朝复兴。

⑦夭蘖：反常的树木。

⑧桑穀：古时以桑木、穀木合生于朝为不祥之兆。穀：楮木。

⑨大拱：长大到两手可以围抱。

⑩重译：辗转翻译。指远方国家的使者经过多重翻译才能交流。说明相隔遥远。

⑪儆（jǐng）：告诫，警告。

⑫寤梦：半睡半醒，似梦非梦，恍惚如有所见。征怪：怪异的。

译文

鲁哀公问孔子："国家的存亡祸福，的确是由天命决定的，不是人力所能左右的吗？"

孔子回答说："国家的存亡祸福都是由人自己决定的，天灾地祸都不能改变国家的命运。"

哀公说："好！您说的话，有什么事实根据吗？"

孔子说："从前，殷纣王时代，在国都的城墙边，有一只小鸟生出一只大鸟，占卜者说：'凡是以小生大，国家必将成为霸主，声名必将大振。'于是，商纣王凭借小鸟生大鸟的好兆头，不好好治理国家，残暴之极，朝中大臣也无法挽救，外敌攻入，殷国因此灭亡。这就是以自己的肆意妄为违背天时，奇异的福兆反而变成灾祸的事例。纣王的先祖殷王太戊时代，社会道德败坏，国家法纪紊乱，以致出现反常的树木，朝堂上长出桑穀，七天就长得两手合抱之粗。占卜者说：'桑穀野木不应共同生长在朝堂上，难道国家要灭亡吗？太戊非常恐惧，小心地修养自己的德行，学习先王治国的方法，探究养民的措施，三年之后，远方的国家思慕殷国的道义，偏远之国的使者经过多重翻译来朝见的，有十六国之多。这就是以自己的谨身修治改变天时，祸兆反变为福的事例。所以说，天灾地祸是上天来警告国君的，梦见怪异是上天来警告臣子的。灾祸胜不过良好的政治，梦兆也胜不过善良的行为。能明白这个道理，就是治国的最高境界，只有贤明的国君才能做到。"

鲁哀公说："我如果不是如此浅陋，也就不能听到您这样的教诲了。"

卷　二

致思第八

“致思”二字源于篇中“于斯致思”，是集中精神思考的意思。本篇由许多小事、小段落组成。“孔子北游”章是孔子听弟子言志，这里突显“不伤财，不害民，不繁词”的德治。本章又见于《韩诗外传九》《说苑·指武》，文字有异同。“孔子之楚”章从馈鱼说起，可以看出孔子是尊重节俭而又与人分享的人。又见于《说苑·贵德》。“子路为蒲宰”章是讲要凸显君之惠，不要见己之德美，不然会引来祸患。又见于《说苑·臣术》。“孔子适齐”章是讲人生中的三种遗憾，即欲孝而亲丧，臣节不遂，朋友离绝。《韩诗外传九》《说苑·敬慎》也有类似文字。“孔子谓伯鱼”章是讲学习的重要性。类似文字又见《韩诗外传六》《说苑·建本》《尚书大传》。“子贡问”章孔子回答“死者有知、无知”，是从道德上观察的。文字又见《说苑·辨物》。“子贡问治民”章，孔子认为治民必存畏惧之心，以道导之。又见《说苑·政理》。

原文

孔子北游于农山①，子路、子贡、颜渊侍侧②。孔子四望，喟然而叹曰③：“于斯致思④，无所不至矣。二三子各言尔志，吾将择焉。”

子路进曰："由愿得白羽若月，赤羽若日，钟鼓之音上震于天，旍旗缤纷下蟠于地⑤。由当一队而敌之⑥，必也攘地千里⑦，搴旗执聝⑧。唯由能之，使二子者从我焉。"

夫子曰："勇哉！"

子贡复进曰："赐愿使齐、楚合战于漭漾之野⑨，两垒相望，尘埃相接，挺刃交兵。赐着缟衣白冠⑩，陈说其间，推论利害，释国之患。唯赐能之，使夫二子者从我焉。"

夫子曰："辩哉⑪！"

颜回退而不对。孔子曰："回，来，汝奚独无愿乎⑫？"颜回对曰："文武之事，则二子者既言之矣，回何云焉？"

孔子曰："虽然，各言尔志也，小子言之。"

对曰："回闻薰莸不同器而藏⑬，尧桀不共国而治，以其类异也。回愿得明王圣主辅相之，敷其五教⑭，导之以礼乐⑮，使民城郭不修，沟池不越，铸剑戟以为农器，放牛马于原薮⑯，室家无离旷之思⑰，千岁无战斗之患。则由无所施其勇，而赐无所用其辩矣。"

夫子凛然曰⑱："美哉！德也。"

子路抗手而对曰⑲："夫子何选焉？"

孔子曰："不伤财，不害民，不繁词，则颜氏之子有矣。"

注释

①农山：山名，在鲁国（今山东）境内。

②侍侧：在旁边陪着。

③喟（kuì）然：叹息的样子。

④于斯：在这里。致思：集中心思思考。

⑤旍（jīng）旗：即旌旗。蟠：盘曲地伏着。旧注："蟠，委。"

⑥当：掌管，率领。

⑦攘：夺取。或作排斥义。旧注："攘，却。"意为使敌人退却。

⑧搴（qiān）旗执聝（guó）：搴旗，指拔取敌人的军旗。聝，战争中割取敌人的左耳。古代常以获取敌人耳朵的多少来计功。旧注："搴，取

也，取敌之旍旗。馘，截耳也，截敌之耳以效获也。”

⑨漭漾：广大貌。

⑩缟（gǎo）衣白冠：白衣白帽。战争中穿这样的服装表示奋死一战的决心。旧注：“兵，凶事，故白冠服也。”

⑪辩：有辩才。

⑫奚独：为何只有你。奚：疑问词，为何，如何。

⑬薰：一种香草。莸：一种臭草。

⑭敷：布，施。五教：指父义、母慈、兄友、弟恭、子孝这五种德行。

⑮导：教导。

⑯原：平原。薮：水浅草茂的湿地。旧注：“广平曰原，泽无水曰薮也。”

⑰离旷：丈夫离家，妇人独处。

⑱凛然：态度严肃，令人敬畏的样子。

⑲抗手：举手。

译文

孔子向北游览到农山，子路、子贡、颜渊在身边陪着。孔子向四面望了望，感叹道：“在这里集中精力思考问题，什么想法都会出现啊！你们每个人各谈谈自己的志向，我将从中做出选择。”

子路走上前说：“我希望有这样一个机会，白色的指挥旗像月亮，红色的战旗像太阳，钟鼓的声音响彻云霄，繁多的旌旗在地面盘旋舞动。我带领一队人马进攻敌人，必定会夺取敌人千里之地，拔去敌人的旗帜，割下敌人的耳朵。这样的事只有我能做到，您就让子贡和颜渊跟着我吧！”

孔子说：“真勇敢啊！”

子贡也走上前说道：“我愿出使到齐国和楚国交战的广阔原野上，两军的营垒遥遥相望，扬起的尘埃连成一片，士兵们挥刀交战。在这种情况下，我穿白衣戴着白帽，在两国之间劝说，论述交战的利弊，解除国家的灾难。这样的事只有我能做得到，您就让子路和颜渊跟着我吧！”

孔子说："真有口才啊！"

颜回后退不说话。孔子说："颜回，过来，为何只有你没有志向呢？"颜回回答说："文武两方面的事，子路和子贡都已经说过了，我还说什么呢？"

孔子说："虽然如此，还是各人说说各人的志向，你就说吧。"

颜回回答说："我听说薰草和莸草不能藏在同一个容器中，尧和桀不能共同治理一个国家，因为他们不是同一类人。我希望得到明王圣主来辅助他们，向人民宣传五教，用礼乐来教导他们，使老百姓不修筑城墙，不逾越护城河，剑戟之类的武器改铸为农具，平原湿地放牧牛马，妇女不因丈夫长期离家而忧虑，千年无战争之患。这样，子路就没有机会施展他的勇敢，子贡就没有机会运用他的口才了。"

孔子表情严肃地说："这种德行是多么美好啊！"

子路举起手来问道："老师您选择哪种呢？"

孔子说："不耗费财物，不危害百姓，不费太多的言辞，只有颜回才有这个想法啊！"

原文

孔子之楚①，而有渔者②而献鱼焉，孔子不受。渔者曰："天暑市远，无所鬻也③，思虑弃之粪壤，不如献之君子，故敢以进焉。"

于是夫子再拜受之，使弟子扫地，将以享祭④。门人曰："彼将弃之，而夫子以祭之，何也？"孔子曰："吾闻诸：惜其腐饪⑤，而欲以务施者，仁人之偶也⑥。恶有受仁人之馈而无祭者乎⑦？"

注释

①楚：即楚国。

②渔者：打鱼的人。

③鬻（yù）：卖。

④享祭：祭祀。

⑤腐饪（niè）：腐烂，食物变质。饪，熟食。旧注："同饪。"

⑥偶：同类。

⑦恶有：怎有。

译文

孔子到楚国去，有一位打鱼人献给他一些鱼，孔子不接受。打鱼人说："天热市场又远，已经无法卖了，我想扔到粪堆上，不如献给君子，所以才敢进献给您。"

于是孔子拜了又拜，接受了这些鱼，让弟子把地打扫干净，准备祭祀。弟子说："打鱼人本来要扔掉这些鱼，而先生却要用来祭祀，这是为什么呢？"孔子说："我听说，怕食物变质而把它送给别人的人，是仁人一类的人。哪有接受了仁人的馈赠而不祭祀的呢？"

原文

子路为蒲宰①，为水备②，与其民修沟渎。以民之劳烦苦也，人与之一箪食③，一壶浆④。

孔子闻之，使子贡止之⑤。子路忿不悦，往见孔子，曰："由也以暴雨将至，恐有水灾，故与民修沟洫以备之。而民多匮饿者，是以箪食壶浆而与之。夫子使赐止之⑥，是夫子止由之行仁也。夫子以仁教而禁其行，由不受也。"

孔子曰："汝以民为饿也，何不白于君，发仓廪以赈之⑦？而私以尔食馈之，是汝明君之无惠，而见己之德美矣。汝速已则可，不则汝之见罪必矣⑧。"

注释

①蒲：鲁国地名，在今河北长垣县。

②为水备：做防止水灾的准备。

③箪（dān）：盛饭的竹器。

④浆：稀米汤。或指水。

⑤止：阻止。

⑥赐：子贡的名，姓端木。

⑦发：打开。仓廪：粮仓。赈：救济。

⑧不则：否则。见罪：被认为有罪。见，被，表示被动。

译文

子路在蒲地做县令，采取了防备水灾的措施，和民众一起修筑沟渠。考虑到民众劳作过于辛苦，子路就给每人发一箪饭一瓢水。

孔子听到这件事后，立刻让子贡阻止子路这样做。子路愤懑不悦，于是去见孔子，说："我因为暴雨即将来临，恐怕会有水灾，所以和民众一起修筑沟渠来防备。民众中很多人因为缺粮而挨饿，因此发给他们每人一箪食一瓢水。老师您派子贡来阻止我，这是您阻止我行仁啊。您教导我们要有仁爱之心，却禁止我行仁，我接受不了。"

孔子说："你既然知道民众在挨饿，为何不向国君报告，请他发放国家粮仓的粮食来救济呢？而你私下里把你的食物送给他们，这是你彰显国君没有恩惠，而表现自己道德的美好。你赶快停止还可以，不然你必定会获罪。"

原文

孔子适[①]齐[②]，中路闻哭者之声，其音甚哀。孔子谓其仆曰："此哭哀则哀矣，然非丧者之哀矣。"

驱而前，少进，见有异人焉[③]，拥镰带素[④]，哭者不哀。孔子下车，追而问曰："子何人也？"

对曰："吾丘吾子也[⑤]。"

曰："子今非丧之所，奚哭之悲也[⑥]？"

丘吾子曰："吾有三失，晚而自觉，悔之何及？"

曰："三失可得闻乎？愿子告吾，无隐也。"

丘吾子曰："吾少时好学，周遍天下，后还，丧吾亲，是一失也。长事齐君，君骄奢失士，臣节不遂，是二失也。吾平生厚交，而今皆离绝，是三失也。夫树欲静而风不停，子欲养而亲不待。往而不来者，年也；不可再见者，亲也。请从此辞。”遂投水而死。

孔子曰：“小子识之⑦，斯足为戒矣！”自是弟子辞归养亲者十有三。

注释

①适：往，到。

②齐：齐国。

③异人：不同一般的人。

④拥镰带素：拿着镰刀，穿着素衣。

⑤丘吾子：一说名皋鱼，贤者。

⑥奚：为什么。

⑦识：记住。

译文

孔子到齐国去，在路途中听到有人在哭，哭声很悲哀。孔子对跟随他的人说：“这人的哭声悲哀是悲哀，但不是丧失亲人的悲哀。”

于是继续驱车前行，没走多远，看到一个非同一般的人，拿着镰刀，穿着素衣，哭得很伤心但不悲哀。孔子下了车，追上前问道：“您是何人啊？”

那人回答说：“我是丘吾子。”

孔子说：“您现在并不在举办丧事的地方，为什么哭得如此伤心呢？”

丘吾子说：“我有三件过失，到晚年才发现，后悔也来不及了。”

孔子问：“您的三件过失可以说出来让我听听吗？希望您毫无隐瞒地告诉我。”

丘吾子说：“我年轻时很好学，走遍了天下，后来回到家，父母都已去世，这是第一件过失。年长后侍奉齐国国君，齐君骄奢失去臣民拥护，我作为臣子节操也不能保全，这是第二件过失。我平生结交了很多朋友，现今都离我而去，断绝了来往，这是第三件过失。树欲静而风却不停地吹，儿子想奉养父母而父母却已去世。过去了而不能再返回的，是岁月；不能再见到的，是父母。请让我从此辞离人世吧！”于是投水而死。

孔子对弟子们说："你们要记住，这足以为戒了。"从此以后，弟子中回去奉养父母的有十三个人。

原文

孔子谓①伯鱼曰②："鲤乎，吾闻可以与人终日不倦者，其唯学焉。其容体不足观也，其勇力不足惮也③，其先祖不足称也④，其族姓不足道也，终而有大名，以显闻四方，流声后裔者⑤，岂非学之效也？故君子不可以不学，其容不可以不饬⑥，不饬无类⑦。无类失亲，失亲不忠。不忠失礼，失礼不立。夫远而有光者，饬也；近而愈明者，学也。譬之污池，水潦注焉⑧，雚苇生焉⑨，虽或以观之，孰知其源乎？"

注释

①谓：对……说。

②伯鱼：孔子儿子孔鲤的字。

③惮：畏惧，害怕。

④称：赞扬，称道。

⑤后裔：后代，后世。

⑥饬：一本作"饰"，指修饰，打扮。

⑦无类：没有礼貌。旧注："类宜为貌，不在饬，故无貌，不得言不饬无类也。礼貌矜庄，然后亲爱可久，故曰无类失亲也。"

⑧水潦：雨水。

⑨雚（huán）苇：芦苇一类。

译文

孔子对他的儿子孔鲤说："鲤啊！我听说可以和人整天不停地谈论而不厌倦的，恐怕只有学问吧。一个人容貌和身体不美不足以让人欣赏，勇气和力量不够不足以让人害怕，先祖没有名声不足以让人称赞，姓氏不显赫不足以让人称道，最终有了名声而显扬四方，流传后世名声的人，难道不是学问的功效吗？所以，君子不能不学习，容貌不能不修饰，不修饰就是没有礼貌。没有礼貌，就会失去别人的亲近，失去别人的亲近，就没有人对你忠诚。没有忠诚，也就没有了礼，失去了礼，就不能自立。远看而有光彩的，是修饰的结果；近看更加耀眼的，是学习的功效。这就好像一个烂泥坑，雨水注入，芦苇生长出来，虽然有人来观看，谁会知道水源是从哪里来的呢？"

原文

子贡问于孔子曰："死者有知乎？将无知乎？"

子曰："吾欲言死之有知，将恐孝子顺孙妨生以送死①；吾欲言死之无知，将恐不孝之子弃其亲而不葬。赐②不欲知死者有知与无知，非今之急，后自知之。"

注释

①顺孙：孝顺之孙。

②赐：即"端木赐"，字子贡，是孔门七十二贤之一。

译文

子贡问孔子说："死去的人有知觉吗？还是无知觉呢？"

孔子说："我要说死者有知觉，恐怕那些孝顺的子孙因送别死者而妨害了生者；我要说死者没有知觉，又怕不孝之子抛弃亲人而不埋葬。赐啊！你不必知道死者是有知还是无知，这不是现在急于了解的事，以后你自然会知道的。"

原文

子贡问治民于孔子。子曰："懔懔焉若持腐索之扞马①。"子贡曰："何其畏也？"孔子曰："夫通达之御②，皆人也。以道导之③，则吾畜也；不以道导之，则吾雠也。如之何其无畏也？"

注释

①懔懔焉：紧张恐惧的样子。扞马：驾驭马。

②通达：道路宽阔。

③道：正确的方法。

译文

子贡向孔子询问治理民众的方法。孔子说："像手持腐朽的缰绳驾驭奔跑的马那样的小心紧张就行了。"子贡说："有那么可怕吗?"孔子说："在交通要道上驾驭马，到处都是人。用正确的方法来引导马，那么这马就像我驯养的马一样听话；用不正确的方法引导它，它则会成为我的仇敌。如此说来，怎么能不畏惧呢?"

三恕第九

这篇也是由许多小议论组成的，大多内容又见《荀子》。“孔子曰”二章，一是说君臣、父子、兄弟间要讲恕道，一是讲君子要三思。两则均见《荀子·法行》。“孔子观于鲁桓公之庙”章是讲“虚则欹，中则正，满则覆”的道理。主张遵守愚、让、怯、谦的损之又损之道，这就是“满招损，谦受益”俗语的来源。这段又见《荀子·宥坐》《韩诗外传三》《说苑·敬慎》《淮南子·道应训》《文子·十守》。“孔子观于东流之水”章，孔子以水喻德，“故君子见必观焉”。又见《荀子·宥坐》。“子路见于孔子”章从子路、子贡、颜渊的回答，看出三人的思想境界。又见《荀子·子道》，文字有不同，《荀子》此段有三个层次，一是“士”，二是“士君子”，三是“明君子”。这里是两个层次。别人知己、爱己是低层次。知人、爱人则进了一层。自知、自爱才是明智者。

原文

孔子曰：“君子有三恕①：有君不能事②，有臣而求其使，非恕也；有亲不能孝，有子而求其报，非恕也；有兄不能敬，有弟而求其顺，非恕也。士能明于三恕之本，则可谓端身矣③。”

注释

①恕：儒家的伦礼范畴之一，即推己及人。用孔子的话来说，就是“己所不欲，勿施于人”，“我不欲人之加诸我也，吾亦欲无加诸人”。

②事：侍奉。

③端身：正身，使行为端正。

译文

孔子说："君子有三恕：有国君而不能侍奉，有臣子却要役使，这不是恕；有父母不能孝敬，有儿子却要求他报恩，这也不是恕；有哥哥不能尊敬，有弟弟却要求他顺从，这也不是恕。读书人能明白了解这三恕的根本意义，就可以称得上行为端正了。

原文

孔子曰："君子有三思，不可不察也。少①而不学，长②无能也；老而不教③，死莫之思也；有④而不施，穷莫之救也。故君子少思其长则务学，老思其死则务教，有思其穷则务施。"

注释

①少：小时候。

②长：长大之后。

③教：指教育自己的子孙。

④有：富有。

译文

孔子说："君子有三种思虑，是不能不深察的。小时候不爱学习，长大后就没有技能；年老不教导子孙，死后就没人思念；富有时不愿施舍，穷困时就没人救济。所以，君子年少时想到长大以后的事，就要努力学习，年老了想到死后的事，就要好好教导儿孙，富有时想到穷困，就要致力于施舍。"

原文

孔子观于鲁桓公之庙①，有欹器焉②。夫子问于守庙者，曰："此谓何器？"对曰："此盖为宥坐之器③。"

孔子曰："吾闻宥坐之器，虚则欹④，中则正⑤，满则覆。明君以为至诚，故常置之于坐侧。”顾谓弟子曰：“试注水焉！”乃注之。水中则正，满则覆。夫子喟然叹曰：“呜呼！夫物恶有满而不覆哉？”

子路进曰：“敢问持满有道乎⑥？”

子曰：“聪明睿智，守之以愚；功被天下，守之以让；勇力振世，守之以怯；富有四海，守之以谦。此所谓损之又损之道也⑦。”

注释

①鲁桓公：惠公子，名轨，在位十八年，后被杀。

②欹（qī）器：容易倾斜倒下的器物。旧注：“欹，倾昃也。”

③宥坐之器：放在座位右边以示警戒的器物，相当于后来的座右铭。

④虚则欹：空虚的时候就倾斜。

⑤中：指水不多不少，恰到好处。

⑥持满：据上下文意，此处当指不盈不满，可理解为保守成业。

⑦损：减少。

译文

孔子到鲁桓公的庙里去参观，在那里看到一件容易倾倒的器物。于是他问守庙的人：“这是什么器物啊？”守庙人回答说：“这是国君放在座位右边以示警戒的欹器。”

孔子说：“我听说国君放在座位右边的欹器，空虚时就倾倒，水不多不少时就端正，水满时就倒下。贤明的国君把它作为最高警戒，所以常常把它放在座位旁边。”说完回头对弟子说：“灌进些水试试。”弟子把水灌进欹器，水不多不少时欹器就端正，水满时就倒下。孔子感叹道：“唉，哪有东西盈满了不倒的呢！”

子路走上前去问道：“请问保守成业有什么方法吗？”

孔子说：“聪明睿智的人，用愚朴来保守成业；功盖天下的人，用谦让来保守成业；勇敢和力气震世的人，用怯懦来保守成业；富有四海的人，用谦卑来保守成业。这就是退损再退损的方法。”

原文

孔子观于东流之水。子贡问曰："君子所见大水必观焉，何也？"

孔子对曰："以其不息，且遍与诸生而不为也[①]，夫水有似乎德；其流也，则卑下倨拘必循其理[②]，此似义；浩浩乎无屈尽之期，此似道；流行赴百仞之嵠而不惧，此似勇；至量必平之[③]，此似法；盛而不求概[④]，此似正；绰约微达[⑤]，此似察；发源必东，此似志；以出以入，万物就以化絜，此似善化也。水之德有若此，是故君子见必观焉。"

注释

①遍与诸生而不为：普遍给予万物却不认为有功。旧注："诸生，谓万物。"

②倨拘：弯曲。

③至量：用水作标准来衡量。

④概：用量器量物时用来刮平的小木条。

⑤绰约微达：绰约：柔弱。微达：很细微的地方都能到达。

译文

孔子观赏东流的河水。子贡问道："君子见到大水必定要观赏，这是为什么呢？"

孔子回答说："因为它不停地奔流，滋润万物却不认为自己有什么功劳，这水就像德；水流动时，在高下弯曲的地方必定遵循地理，这就像义；水浩浩荡荡地流淌没有穷尽之日，这就像道；水流向百仞深的溪谷而无所畏惧，这就像勇；用水来测量必定是平的，这就像法；水盈满时不必用小木条来刮平，这就像正直端正；水虽柔弱但细微之处都能到达，这就像明察；发源后一定向东流，这就像志；经水洗过，万物都干干净净，这就像善于教化。水具有这样的美德，所以君子看到就一定要观赏。"

原文

子路见于孔子。孔子曰："智者若何[①]？仁者若何？"子路对曰："智者使人知己，仁者使人爱己。”子曰：“可谓士矣②。”

子路出，子贡入，问亦如之。子贡对曰：“智者知人，仁者爱人。”子曰：“可谓士矣。”

子贡出，颜回入，问亦如之。对曰：“智者自知，仁者自爱。”子曰：“可谓士君子矣。”

注释

①若何：是什么样的。

②士：指有道德修养的读书人。

译文

子路来见孔子。孔子问他：“有智慧的人是什么样的？有仁德的人是什么样的？”子路回答说：“有智慧的人让别人了解自己，有仁德的人让别人热爱自己。”孔子说：“可以算得上是士了。”

子路出去后，子贡进来，孔子也对他提出同样的问题。子贡回答说：“有智慧的人理解别人，有仁德的人热爱别人。”孔子说：“可以算得上是士了。”

子贡出去后，颜回进来，孔子又问了颜回同样的问题。颜回回答说：“有智慧的人有自知之明，有仁德的人自尊自爱。”孔子说：“可以算得上是君子了。”

好生第十

这也是许多小篇章的汇聚。首章是孔子和鲁哀公对话，哀公不问大事，孔子说的却是大事。讲舜“好生而恶杀”，“授贤而替不肖”，有德而善任人。这是从政的根本。又见《荀子·哀公问》。“虞芮二国”章是对文王实施教化的赞美。又见《诗·緜》毛传、《尚书大传》《说苑·君道》。“君子有三患”章强调闻、学、行的连带关系，并以五耻为激励。又见《礼记·杂记下》《说苑·说丛》，二书多“君子有五耻”五字，义更明。“鲁人有独处室者”这则故事，又见《诗·巷伯》毛传。不过毛传有准许邻之釐妇入室一段，本书做了删节，不准入室，似不近情理，不过孔子这里突出的是男女独处一室无法避嫌，明智的做法是避免引起嫌疑。

原文

鲁哀公问于孔子曰：“昔者舜冠何冠乎？”孔子不对①。公曰：“寡人有问于子，而子无言，何也？”对曰：“以君之问不先其大者，故方思所以为对。”公曰：“其大何乎？”

孔子曰：“舜之为君也，其政好生而恶杀，其任授贤而替不肖。德若天地而静虚②，化若四时而变物③。是以四海承风④，畅于异类⑤，凤翔麟至，鸟兽驯德⑥，无他，好生故也。君舍此道而冠冕是问，是以缓对。”

注释

①对：回答。

②静虚：清静无欲。

③变物：使万物变化。

④承风：接受教化。

⑤异类：指与人不是同类的动植物。一说指少数民族。旧注："异类，四方之夷狄也。"

⑥驯：顺从。

译文

鲁哀公向孔子问道："从前舜戴的是什么帽子啊？"孔子不回答。鲁哀公又说："我有问题问你，而你却不说话，这是为什么呢？"孔子回答说："因为您问问题不先问重要的，所以我正在思考怎样回答。"鲁哀公说："重要的问题是什么呢？"

孔子说："舜作为君主，他的政治是爱惜生命而厌恶杀戮，他用人的原则，是以有才能的人替换无才能的人。他的仁德像天地一样广大而又清净无欲，他的教化像四季一样使万物变化。所以，四海之内都接受了他的教化，甚至遍及动植物之类，凤凰飞来，麒麟跑来，鸟兽都被他的仁德感化。这没有别的原因，就是因为他爱惜生命的缘故。您不问这些治国之道而问戴什么帽子，所以我才迟迟不做回答。"

原文

虞、芮①二国争田而讼②，连年不决，乃相谓曰："西伯③，仁人也，盍往质之④。"

入其境，则耕者让畔⑤，行者让路。入其邑，男女异路，斑白不提挈⑥。入其朝，士让为大夫，大夫让为卿。虞、芮之君曰："嘻！吾侪小人也⑦，不可以入君子之朝。"遂自相与而退，咸以所争之田为闲田矣。

孔子曰："以此观之，文王之道，其不可加焉。不令而从，不教而听，至矣哉！"

注释

①虞、芮：春秋时两个小诸侯国。虞国在今山西平阴县，芮国在今山西芮城县。

②讼：诉讼，打官司。

③西伯：即周文王。

④盍：何不。质：评判。

⑤畔：指田地的边界。

⑥提挈（qiè）：提着举着，指负重。

⑦吾侪（chái）：我等，我辈，我们这类人。

译文

虞国和芮国为了争田而打官司，打了几年也没有结果，他们就相互说："西伯是一位仁人，我们何不到他那里让他给评判呢？"

他们进入西伯的领地后，看到耕田的人互相谦让田地的边界，走路的人互相让路。进入城邑后，看到男女分道而行，老年人没有提着重东西的。进入西伯的朝廷后，士谦让着让他人做大夫，大夫谦让着让他人做卿。虞国和芮国的国君说："唉！我们真是小人啊！是不可以进入西伯这样的君子之国的。"于是，他们就一起远远地退让，都把所争的田作为闲田。

孔子说："从这件事看来，文王的治国之道，不可再超过了。不下命令就听从，不用教导就听从，这是达到最高境界了。"

原文

孔子曰："君子有三患①：未之闻，患不得闻；既得闻之，患弗得学；既得学之，患弗能行。君子有五耻②：有其德而无其言③，君子耻之；有其言而无其行，君子耻之；既得之，而又失之，君子耻之；地有余民不足，君子耻之；众寡均而人功倍己焉④，君子耻之。"

注释

①患：担忧，忧虑。

②耻：羞耻。

③有其德：《礼记·杂记下》作"居其位"讲，译文采用此说。

④众寡均：任务和别人相同。人功倍己：别人的功劳比自己多一倍。旧注："凡兴功业，多少与人同，而功殊倍已，故耻之也。"

译文

孔子说："君子有三种担心：没有听到的知识，担心听不到；听到以后，又担心学不到；学到以后，又担心不能实行。君子有五种羞耻：身居某种职位却无所建言，君子感到羞耻；有言论而没有行动，君子感到羞耻；既得到了而又失去，君子感到羞耻；土地有余，百姓却不富足，君子感到羞耻；大家的任务相同，而别人的功劳比自己多一倍，君子感到羞耻。"

原文

鲁人①有独处室者，邻之嫠妇亦独处一室②。夜，暴雨至，嫠妇室坏，趋而托焉。鲁人闭户而不纳。嫠妇自牖与之言："何不仁而不纳我乎？"鲁人曰："吾闻男女不六十不同居。今子幼，吾亦幼，是以不敢纳尔也。"妇人曰："子何不如柳下惠然③？妪不逮门之女④，国人不称其乱。"鲁人曰："柳下惠则可，吾固不可。吾将以吾之不可，学柳下惠之可。"

孔子闻之曰："善哉！欲学柳下惠者，未有似于此者。期于至善而不袭其为⑤，可谓智乎！"

注释

①鲁人：鲁国人

②嫠妇：寡妇。

③柳下惠：即春秋鲁国大夫展禽，因食邑柳下，谥惠，故称柳下惠。传说他曾遇一无家女子，怕她冻伤，就让她坐于自己怀中，用衣服把她裹起来，整夜都无淫乱行为。

④妪：即妪育之意，此指爱抚。

⑤期：希望。袭：继承，因袭。

其鼎铭曰⑤：“一命而偻，再命而伛⑥，三命而俯。循墙而走，亦莫余敢侮⑦。馇于是，粥于是，以煳其口。其恭俭也若此。’臧孙纥有言⑧：‘圣人之后，若不当世，则必有明君而达者焉。孔子少而好礼，其将在矣。’属臣曰：‘汝必师之。’今孔子将适周，观先王之遗制，考礼乐之所极⑨，斯大业也！君盍以乘资之？臣请与往。”

公曰：“诺。”与孔子车一乘，马二匹，竖子侍御⑩。敬叔与俱。至周，问礼于老聃，访乐于苌弘，历郊社之所⑪，考明堂之则，察庙朝之度。于是喟然曰：“吾乃今知周公之圣，与周之所以王也。”

及去周，老子送之，曰：“吾闻富贵者送人以财，仁者送人以言。吾虽不能富贵，而窃仁者之号，请送子以言乎：凡当今之士，聪明深察而近于死者，好讥议人者也；博辩闳达而危其身，好发人之恶者也。无以有己为人子者，无以恶己为人臣者。”孔子曰：“敬奉教。”自周反鲁，道弥尊矣。远方弟子之进，盖三千焉。

注释

①南宫敬叔：鲁国大夫，即孟僖子之子，原姓仲孙，名阅。

②弗父何：宋湣公共长子，孔父嘉之高祖，厉公兄。旧注：“弗父何，缗公世子，厉公兄也。让国以受厉公。《春秋传》曰：‘以有宋而授厉公宜。’”

③厉公：宋湣公之子，弗父何之弟，名鲋祀。

④正考父：弗父何的曾孙，曾辅佐戴公、武公、宣公。生孔父嘉，即孔子的祖先。

⑤鼎铭：旧注：“臣有功德，君命铭之于其宗庙之鼎也。”

⑥伛：弯着身子。旧注：“伛恭于偻，俯恭于伛。”

⑦亦莫余敢侮：旧注：“余，我也，我考父也。以其恭如此，故人亦莫之侮。”

⑧臧孙纥：弗父何的后代。即鲁大夫臧武仲，为人有远见。

⑨极：所达到的最高点。

⑩竖子：对人的鄙称，犹谓“小子”。侍：服侍。御：驾车。

⑪郊社：祭天地。

译文

孔子对南宫敬叔说："我听说老子博古通今，通晓礼乐的起源，明白道德的归属，那么他就是我的老师，现在我要到他那里去。"南宫敬叔回答说："我遵从您的意愿。"

于是南宫敬叔对鲁国国君说："我接受父亲的嘱咐说：'孔子是圣人的后代，他的先祖在宋国消亡了。他的祖先弗父何，最初拥有了宋国，后来给了弟弟厉公。到了正考父时，辅佐戴公、武公、宣公三个国君，三次任命，他一次比一次恭敬。因此他家鼎上刻的铭文说：第一次任命，他弯着腰；第二次任命，他弯着身子；第三次任命，他俯下身子。他靠着墙根走，也没有人敢欺侮他。在这个鼎里煮稠粥，煮稀粥，用来糊口。他的恭敬节俭就到了这种地步。'臧孙纥曾说过这样的话：'圣人的后代，如果不能执掌天下，那么必定有圣明的君主使他通达。孔子从小就喜好礼仪，他大概就是这个人吧。'我父亲又嘱咐我说：'你一定要拜他为师。'现在孔子将要到周国去，观看先王遗留的制度，考察礼乐所达到的高度，这是大事业啊！您何不提供车子资助他呢？我请求和他一起去。"

鲁君说："好。"送给孔子一辆车，两匹马，派了一个人侍候他给他驾车。南宫敬叔和孔子一起到了周国。孔子向老子询问礼，向苌弘询问乐，走遍了祭祀天地之所，考察明堂的规则，察看宗庙朝堂的制度。于是感叹地说："我现在才知道周公的圣明，以及周国称王天下的原因。"

离开周国时，老子去送他，说："我听说富贵者拿财物送人，仁者用言语送人。我虽然不能富贵，但私下用一下仁者的称号，请让我用言语送你吧！凡是当今的士人，因聪明深察而危及生命的，都是喜欢讥讽议论别人的人；因知识广博喜好辩论而危及生命的，都是喜好揭发别人隐私的人。作为人子不要只想着自己，作为人臣要尽职全身。"孔子说："我一定遵循您的教诲。"从周国返回鲁国，孔子的道更加受人尊崇了。从远方来向他学习的，大约有三千人。

原文

孔子观乎明堂，睹四门墉①，有尧舜之容，桀纣之象，而各有善恶之状，兴废之诫焉。又有周公相成王，抱之负斧扆南面以朝诸侯之图焉②。

孔子徘徊而望之，谓从者曰："此周公所以盛也。夫明镜所以察形，往古者所以知今③。人主不务袭迹于其所以安存④，而忽怠所以危亡⑤，是犹未有以异于却走而欲求及前人也，岂不惑哉！"

注释

①墉：墙壁。

②负：背对着。斧扆（yǐ）：古代帝王所用的状如屏风的器物，高八尺，上绣斧形图案。

③往古：古昔，古代的事。

④袭迹：沿袭。

⑤忽怠：忽略轻视。

译文

孔子观看明堂，看到四门的墙上有尧舜桀纣的画像，画出了每个人善恶的容貌，并有关于国家兴亡告诫的话。还有周公辅佐成王，抱着成王背对着屏风面朝南接受诸侯朝见的画像。

孔子走来走去地观看着，对跟从他的人说："这就是周朝兴盛的原因啊。明亮的镜子可以照出形貌，懂得古代的事情可以用来了解现在。君主不努力沿着使国家安定的路上走，而忽视国家危亡的原因，这和倒着跑却想追上前面的人一样，难道不糊涂吗？"

原文

孔子观周①，遂人太祖后稷之庙。庙堂右阶之前，有金人焉，三缄其口②，而铭其背曰："古之慎言人也，戒之哉！无多言，多言多败；无多事，多事多患。安乐必戒，无所行悔。勿谓何伤，其祸将长；勿谓何害，其祸将大；勿谓不闻，神将伺人[3]。焰焰不灭，炎炎若何？涓涓不壅[4]，终为江河。绵绵不绝，或成网罗。毫末不札[5]，将寻斧柯[6]。诚能慎之，福之根也。口是何伤？祸之门也。强梁者不得其死[7]，好胜者必遇其敌。盗憎主人，民怨其上。君子知天下之不可上也，故下之；知众人之不可先也，故后之。温恭慎德，使人慕之；执雌持下[8]，人莫逾之。人皆趋彼，我独守此。人皆或之[9]，我独不徙。内藏我智，不示人技。我虽尊高，人弗我害。谁能于此？江海虽左[10]，长于百川，以其卑也。天道无亲，而能下人。戒之哉！"

孔子既读斯文也，顾谓弟子曰："小人识之，此言实而中，情而信。《诗》曰[11]：'战战兢兢，如临深渊，如履薄冰[12]。'行身如此，岂以口过患哉？"

注释

①周：周国

②缄：封闭。

③伺：监视。

④涓涓：细小的水流。壅：堵塞。

⑤毫：细小的树枝。不札：不拔除。旧注："如毫之末，言至微也。札，拔也。"

⑥寻：用。柯：斧柄。

⑦强梁者：强横的人。

⑧雌：柔弱。

⑨或之：摇摆不定。旧注："或之，东西转移之貌。"

⑩江海虽左：左：处于下游。旧注："水阴长右，江虽在于其左，而能为百川长，以其能下。"

⑪诗：指《诗经·小雅·小旻》。

⑫履：踩。

译文

孔子在周国参观游览，进入周太祖后稷的庙内。庙堂右边台阶前有铜铸的人像，嘴被封了三层，还在像的背后刻着铭文："这是古代说话谨慎的人。警戒啊！不要多言，多言多败；不要多事，多事多患。安乐时一定要警戒，不要做后悔的事。不要以为话多不会有什么伤害，祸患是长远的；不要以为话多没什么害处，祸患将是很大的；不要认为别人听不到，神在监视着你。初起的火苗不扑灭，变成熊熊大火怎么办？涓涓细流不堵塞，终将汇集为江河；长长的线不弄断，将有可能结成网；细小的枝条不剪掉，将来就要用斧砍。如能谨慎，是福的根源。口能造成什么伤害？是祸的大门。强横的人不得好死，争强好胜的人必定会遇到对手。盗贼憎恨物主，民众怨恨长官。君子知道天下的事不可事事争上，所以宁愿居下；知道不可居于众人之先，所以宁愿在后。温和谦恭谨慎修德，会使人仰慕；守住柔弱保持卑下，没人能够超越。人人都奔向那里，我独自守在这里；人人都在变动，我独自不移。智慧藏在心里，不向别人炫耀技艺；我虽然尊贵高尚，人们也不会害我。有谁能做到这样呢？江海虽然处于下游，却能容纳百川，因为它地势低下。上天不会亲近人，却能使人处在它的下面。要以此为戒啊！"

孔子读完这篇铭文，回头对弟子说："你们要记住啊！这些话实在而又中肯，合情而又可信。《诗经》说：'战战兢兢，如临深渊，如踩薄冰。'立身行事能够这样，哪还能因言语惹祸呢？"

弟子行第十二

这是一篇首尾连贯的完整对话，文中有子贡对孔门数位弟子的操行所做的评价。这些评价不似《论语》中简洁，有七十子后学之文风。后面还有孔子对历史人物的评价，可供研究先秦史和儒学史的人参考。整篇文字又见《大戴礼·卫将军文子》。

原文

卫将军文子问于子贡曰①："吾闻孔子之施教也，先之以《诗》《书》，而道之以孝悌，说之以仁义，观之以礼乐，然后成之以文德。盖入室升堂者，七十有余人，其孰为贤？"子贡对以不知。

文子曰："以吾子常与学，贤者也，不知何谓？"

子贡对曰："贤人无妄，知贤即难。故君子之言曰：'智莫难于知人。'是以难对也。"

文子曰："若夫知贤，莫不难。今吾子亲游焉，是以敢问。"

子贡曰："夫子之门人，盖有三千就焉②，赐有逮及焉，未逮及焉，故不得遍知以告也。"

文子曰："吾子所及者，请问其行。"

子贡对曰："能夙兴夜寐，讽诵崇礼，行不贰过，夫称言不苟，是颜回之行也。孔子说之以《诗》曰：'媚兹一人，应侯慎德。川永言孝思，孝思惟则。'若逢有德之君，世受显命，不失厥名③。以御于天子，则王者之相也。

"在贫如客，使其臣如借。不迁怒，不深怨，不录旧罪，是冉雍之行也。孔子论其材曰：'有土之君子也，有众使也，有刑用也，然后称怒焉。匹夫之怒，唯以亡其身。'孔子告之以《诗》曰：'靡不有初④，鲜克有终。'

“不畏强御，不侮矜寡，其言循性，其都以富，材任治戎，是仲由之行也。孔子和之以文，说之以《诗》曰：‘受小拱大拱[⑤]，而为下国骏庞，荷天子之龙。不戁不悚，敷奏其勇。’强乎武哉，文不胜其质。

“恭老恤幼，不忘宾旅，好学博艺，省物而勤也，是冉求之行也[⑥]。孔子因而语之曰：‘好学则智，恤孤则惠，恭则近礼，勤则有继。尧舜笃恭以王天下。’其称之也，曰‘宜为国老’。

“齐庄而能肃，志通而好礼，傧相两君之事，笃雅有节，是公西赤之行也。子曰：‘礼经三百，可勉能也；威仪三千，则难也。’公西赤问曰：‘何谓也?’子曰：‘貌以傧礼，礼以傧辞，是谓难焉。众人闻之，以为成也。’孔子语人曰：‘当宾客之事，则达矣。’谓门人曰：‘二三子之欲学宾客之礼者，其于赤也。’

“满而不盈，实而如虚，过之如不及，先王难之。博无不学，其貌恭，其德敦；其言于人也，无所不信；其桥大人也，常以浩浩，是以眉寿[⑦]，是曾参之行也。孔子曰：‘孝，德之始也；悌，德之序也；信，德之厚也；忠，德之正也。参中夫四德者也。’夕以此称之。

“美功不伐，贵位不善，不侮不佚，不傲无告，是颛孙师之行也。孔子言之曰：‘其不伐，则犹可能也；其不弊百姓，则仁也。’《诗》云[⑧]：‘皑悌君子，民之父母。’夫子以其仁为大。

“学之深，送迎必敬，上交下接若截焉，是卜商之行也。孔子说之以《诗》曰：‘式夷式已[⑨]，无小人殆。若商也，其可谓不险矣。’

“贵之不喜，贱之不怒；苟利于民矣，廉于行己；其事上也，以佑其下，是澹台灭明之行也。孔子曰：‘独贵独富，君子耻之，夫也中之矣。

“先成其虑，及事而用之，故动则不妄，是言偃之行也。孔子曰：‘欲能则学，欲知则问，欲善则详，欲给[⑩]则豫。当是而行，偃也得之矣。’

“独居思仁，公言仁义，其于《诗》也，则一曰三覆‘白圭之玷’，是宫绍之行也。孔子信其能仁，以为异士。

“自见孔子，出入于户，未尝越履。往来过之，足不履影。启蛰不杀，方长不折。执亲之丧，未尝见齿。是高柴之行也。孔子曰：‘柴于亲丧，则难能也；启蛰不杀，则顺人道；方长不折，则恕仁也。成汤恭而以恕[11]，是以日跻。’凡此诸子，赐之所亲睹者也。吾子有命而讯赐，固不足以知贤。”

文子曰：“吾闻之也，国有道则贤人兴焉，中人用焉，乃百姓归之。若吾子之论，既富茂矣，壹诸侯之相也。抑世未有明君，所以不遇也。”

子贡既与卫将军文子言，适鲁见孔子曰：“卫将军文子问二三子之于赐，不壹而三焉，赐也辞不获命，以所见者对矣。未知中否，请以告。”

孔子曰：“言之乎。”子贡以其辞状告孔子。子闻而笑曰：“赐，汝次焉人矣。”子贡对曰：“赐也何敢知人，此以赐之所睹也。”孔子曰：“然。吾亦语汝耳之所未闻，目之所未见者，岂思之所不至，智之所未及哉？”子贡曰：“赐愿得闻之。”

孔子曰：“不克不忌[12]，不念旧怨，盖伯夷叔齐之行也。

“思天而敬人，服义而行信，孝于父母，恭于兄弟，从善而教不道，盖赵文子之行也。

“其事君也，不敢爱其死，然亦不敢忘其身。谋其身不遗其友，君陈则进而用之，不陈则行而退。盖随武子之行也。

“其为人之渊源也[13]，多闻而难诞，内植足以没其世。国家有道，其言足以治；无道，其默足以生。盖铜鞮伯华之行也。

“外宽而内正，自极于隐括之中，直己而不直人，汲汲于仁，以善自终。盖蘧伯玉之行也。

“孝恭慈仁，允德图义[14]，约货去怨，轻财不匮。盖柳下惠之行也。

“其言曰，君虽不量于其身，臣不可以不忠于其君。是故君择臣而任之，臣亦择君而事之。有道顺命，无道衡命。盖晏平仲之行也。

“蹈忠而行信[15]，终日言不在尤之内。国无道，处贱不闷，贫而能乐。盖老莱子之行也。

“易行以俟天命，居下不援其上。其亲观于四方也，不忘其亲，不尽其乐。以不能则学，不为己终身之忧。盖介子推之行也。”

子贡曰：“敢问夫子之所知者，盖尽于此而已乎？”

孔子曰：“何谓其然？亦略举耳目之所及而矣。昔晋平公问祁奚曰：

‘羊舌大夫[16]，晋之良大夫也，其行如何?’祁奚辞以不知。公曰：‘吾闻子少长乎其所，今子掩之，何也?’祁奚对曰：‘其少也恭而顺，心有耻而不使其过宿；其为大夫，悉善而谦其端；其为舆尉也，信而好直其功。至于其为容也，温良而好礼，博闻而时出其志。’公曰：‘曩者问子，子奚曰不知也？祁奚曰：‘每位改变，未知所止，是以不敢得知也。’此又羊舌大夫之行也。”

子贡跪曰：“请退而记之。”

注释

①文子：卫国公卿，名弥牟。

②盖有三千就焉：三千：《大戴礼记·卫将军文子》作“三就”，指在孔子门下求学的弟子，成就有上、中、下三等。

③厥：代词，他的。

④靡：没有。

⑤拱：法。

⑥冉求：即冉有，字子有，孔子弟子。

⑦眉寿：长寿。因人老会长出长眉毛，故称眉寿。

⑧《诗》：指《诗经·大雅·洞酌》。

⑨式夷式已：旧注：“式，用。夷，平也。言用平则已也。”意为用平和、公平的态度处人处事。

⑩给：丰足，充裕。豫：事先准备。旧注：“事欲而不碍，则莫若于豫。

⑪成汤：商朝开国之君，子姓，名履，又称天乙。讨伐夏桀，建立商朝，传十七代，至纣为周所灭。

⑫克：苛刻。忌：嫉妒。

⑬渊源：指思虑深邃。

⑭允德：修德，涵养德行。图义：考虑义。旧注：“允，信也。图，谋。

⑮蹈：实行。

⑯羊舌大夫：即羊舌赤。亦即铜鞮伯华。

译文

卫国的将军文子问子贡说："我听说孔子教育弟子，先教他们读《诗》和《书》，然后教他们孝顺父母尊敬兄长的道理。讲的是仁义，观看的是礼乐，然后用文才和德行来成就他们。大概学有所成的有七十多人，他们之中谁更贤明呢？"子贡回答说不知道。

文子说："因为你常和他们一起学，也是贤者，为何说不知道呢？"

子贡回答说："贤能的人没有妄行，了解贤人就很困难。所以君子说：'没有比了解人更困难的了。'因此难以回答。"

文子说："对于了解贤人，没有不困难的。现在您本人亲身在孔子门下求学，所以敢冒昧问您。"

子贡说："先生的门人，大概有三千人就学。有些是与我接触过的，有些没有接触，所以不能普遍地了解来告诉你。"

文子说："请就您所接触到的谈谈，我想问问他们的品行。"

子贡回答说："能够起早贪黑，背诵经书，崇尚礼义，行为不犯第二次过错，引经据典很认真的，是颜渊的品行。孔子用《诗经》的话来形容颜渊说：'如果遇到国君宠爱，就能成就他的德业。永远恭敬尽孝道，孝道足以为法则。'如果颜渊遇到有德的君王，就会世代享受帝王给予的美誉，不会失去他的美名。被君王任用，就会成为君王的辅佐。

"身处贫困能矜持庄重，使用仆人如同借用般客气。不把怒气转移到别人身上，不总是怨恨别人，不总是记着别人过去的罪过，这是冉雍的品行。孔子评论他的才能说：'拥有土地的君子，有民众可以役使，有刑罚可以施用，而后可以迁怒。普通人发怒，只会伤害自己的身体。'孔子用《诗经》的话告诉他说：'万事都有开端，但很少有善始善终的。'

"不害怕强暴，不欺辱鳏寡，说话遵循本性，相貌堂堂端正，才能足以打仗带兵，这是子路的品行。孔子用文辞来赞美他，用《诗经》中的话来称赞他：'接受上天大法和小法，庇护下面诸侯国，接受天子授予的荣宠。不胆怯不惶恐，施神威奏战功。’强力又勇敢啊！文采胜不过他的质朴。

“尊敬长辈，同情幼小，不忘在外的旅人，喜好学习，博综群艺，体察万物且勤劳，这是冉求的品行。孔子因此对他说：‘好学就有智慧，同情孤寡就是仁爱，恭敬就接近礼义，勤劳就有收获。尧舜忠诚谦恭，所以能称王天下。’孔子很称赞他，说：‘你应当成为国家的卿大夫。’

“整齐庄重而又严肃，志向通达而又喜好礼仪，作为两国之间的傧相，忠诚雅正而有节制，这是公西赤的品行。孔子说：‘礼经三百篇，可以通过努力学习来了解；三千项威严的礼仪细节，则难以掌握。’公西赤说：‘为什么这样说呢？孔子说：‘作傧相接待宾客要有庄重的容貌，要根据不同的礼节来致辞，所以说很难。众人听到傧相的致辞，认为仪式就完成了。’孔子对大家说：‘接待宾客这件事，他已经做到了。’孔子又对弟子说：‘你们想学习接待宾客礼仪的人，就向公西赤学习吧。’

“完满却不自我满足，渊博却如同虚空，超过却如同赶不上，古代的君王也难以做到。知识广博无所不学，他的外表恭敬，德行敦厚；他对任何人说话，没有不真实的；他的志向高明远大，他的胸襟开阔坦荡，因此他长寿，这是曾参的品行。孔子说：‘孝是道德的起始，悌是道德的前进，信是道德的加深，忠是道德的准则。曾参集中了这四种品德。’孔子就以此来称赞他。

“有大功不夸耀，处高位不欣喜，不贪功不慕势，不在贫苦无告者面前炫耀，这是颛孙师的品行。孔子这样评价他：‘他的不夸耀，别人还可能做到；他在贫苦无告者面前不炫耀，则是仁德的表现。’《诗经》说：‘平易近人的君子，是百姓的父母。’先生认为他的仁德是很伟大的。

“学习能够深入理解其义，送迎宾客必定恭敬，和上下级交往界限分明，是卜商的品行。孔子用《诗经》的话评价他说：‘能够用平和公正的态度处人处事，就不会受到小人的危害。’像卜商这样，可以说不至于有危险了。

“富贵了他也不欣喜，贫贱了他也不恼怒；假如对民众有利，他宁愿行为俭约；他侍奉君王，是为了帮助下面的百姓，这是澹台灭明的品行。孔子说：‘独自一个人富贵，君子认为是可耻的，澹台灭明就是这样的人。’

“先考虑好，事情来临就按计划而行，这样行动就不会有错，这是言偃的品行。孔子说：‘想要有才能就要学习，想要知道就要问别人，想要把事情做好就要仔细审慎，想要富足就要先有储备。按照这个原则行事，言偃是做到了。’

“个人独居时想着仁义，做官时讲话讲的是仁义，对于《诗经》上的‘白圭之玷，尚可磨也’的话牢记在心，因此言行极其谨慎，如同一天三次磨去白玉上的斑点，这是宫绍的品行。孔子相信他能行仁义，认为他是与众不同的人。

“自从见到孔子，进门出门，从没有违反礼节；走路来往，脚不会踩到别人的影子；不杀蛰伏刚醒的虫子，不攀折正在生长的草木；为亲人守丧，没有言笑。这是高柴的品行。孔子说：‘高柴为亲人守丧的诚心，是一般人难以做到的；春天不杀生，是遵从做人的道理；不折断正在生长的树木，是推己及物的仁爱。成汤谦恭而又能推己及人，因此威望天天升高。’以上这几个人是我亲自目睹的。您向我询问，要求我回答，我本来也不能够知道谁是贤人。”

文子说：“我听说，国家按正道行事，那么贤人就兴起来了，正直的人就会被任用，百姓也会归附。接照您刚才的议论，内容已经很丰富了，他们都可以做诸侯的辅佐啊。大概世上没有明君，所以没有得到任用。”

子贡和卫将军文子说过话之后，到了鲁国，见到孔子，说：“卫将军文子向我问同学们的情况，再三地问，我推辞不掉，把我所见到的告诉了他。不知道是否合适，请让我告诉您吧。”

孔子说：“说说吧。”子贡把和文子对话的情况告诉了孔子。孔子听后笑着说：“赐啊，你能给人排座次了。”子贡回答说：“我怎敢说知人，这是我亲眼看见的啊。”孔子说：“是这样的。我也告诉你一些你没听到、没看到的事，这些难道是头脑想不到的，智力达不到的吗？”子贡说："我很愿意听。"

孔子说："不苛刻不忌妒，不计较过去的仇恨，这是伯夷叔齐的品行。

"思考天道而且尊敬人，服从仁义而做事讲信用，孝敬父母，友爱兄弟，从善如流而又教导不按正道而行的人，这是赵文子的品行。

"他侍奉国君，不敢爱惜自己的生命，然而也不敢不爱惜自己的身体。谋求自己的发展，也不忘记朋友。君王任用时他就努力去做，不用则离开而退隐。这是随武子的品行。

"他的为人思虑深邃，见闻广博难以被欺骗，内心修养足以终身受用。国家按正道治理，他的言论足以用来治国；国家不按正道治理，他的沉默足以用来保存自己。这是铜鞮伯华的品行。

"外表宽容而且内心正直，能自己矫正自己的行为，自己正直而不要求别人，努力地追求仁义，终身行善。这是蘧伯玉的品行。

"孝敬谦恭慈善仁爱，涵养德行谋求仁义，少积聚财富消除怨恨，轻视财物又不匮乏。这是柳下惠的品行。

"他说：'君主虽然不能度量臣子的能力，臣子不能不忠于君主。因此君主选择臣子而任用，臣子也选择君主来侍奉。君主按正道而行就听从他的命令，不按正道就隐居不仕。'这是晏平仲的品行。

"行动讲求忠信，即使整天说话，也不会出错。国家混乱，身处低位而不愁闷，生活贫困而能保持快乐。这是老莱子的品行。

"改变自己的行为来等待机遇，身处低位却不攀附高枝。到四处游观，不忘记父母；想到父母，不尽兴就赶快归来。因为才能不足就去学习，不造成终身的遗憾。这是介子推的品行。

子贡问："请问老师，您所知道的，就到此为止了吗？"

孔子说："怎么能这样说呢？我只是大略举出耳闻目睹的罢了。从前晋平公问祁奚：'羊舌大夫是晋国的优秀大夫，他的品行怎么样？祁奚推辞说不知道。晋平公说：'我听说你从小在他家长大，你现在隐藏着不愿说，是为什么呢？祁奚回答说：'他小时候谦恭而和顺，心里觉得有过错不会留到第二天来改正；他作为大夫，凡事皆出于善心而又谦虚正直；他做舆尉时，讲信用而不隐瞒功绩。至于他的外表，温和善良而喜好礼节，广博地听取而时出己见。’晋平公说：‘刚才我问你，你怎么说不知道呢？’祁奚说：‘他的职位经常改变，不知他现在做什么官，所以不敢说知道。’这又是羊舌大夫的品行。”

子贡跪下说：“请让我回去记下您的话。”

贤君第十三

这是由孔子回答许多提问组成的一篇，这里择其要者做些说明。哀公问贤君章，赞扬卫灵公知人善用。又见《说苑·尊贤》。子贡问贤臣章，孔子以善于推荐高于自己的人为贤臣，自然会触及那些妒贤嫉能者。类似文字又见《韩诗外传七》《说苑·臣术》。哀公问忘章，孔子以忘身回答，大胆而深刻。孔子读诗章，是总结历史教训，探讨从上依世废道与违上离俗危身的关系。这是个历史性的难题。两章文字又见《说苑·敬慎》。子路问治国所先章，道理深刻，治国在用人，必须做到“尊贤而贱不肖”，如果“尊贤而不能用，贱不肖而不能去。贤者知其不用而怨之，不肖者知其必己贱而仇之”，“怨仇并存于国，邻敌构兵于郊”，必然灭亡。齐景公问政章讲治国尊贤之道，文字同见《说苑·尊贤》。哀公问政章，孔子回答，最紧要的是让民众富且寿。又见《说苑·政理》。

原文

哀公[1]问于孔子曰：“当今之君，孰为最贤？”

孔子对曰：“丘未之见也，抑有卫灵公乎[2]？”

公曰：“吾闻其闺门之内无别[3]，而子次之贤，何也？”

孔子曰：“臣语其朝廷行事，不论其私家之际也[4]。”

公曰：“其事何如？”

孔子对曰：“灵公之弟曰公子渠牟，其智足以治千乘，其信足以守之，灵公爱而任之。又有士曰林国者，见贤必进之，而退与分其禄，是以灵公无游放之士[5]，灵公贤而尊之。又有士曰庆足者，卫国有大事，则必起而治之；国无事，则退而容贤[6]，灵公悦而敬之。又有大夫史鰌，以道去卫。

而灵公郊舍三日[7]，琴瑟不御[8]，必待史鰌之入，而后敢入。臣以此取之，虽次之贤，不亦可乎。”

注释

①哀公：鲁哀公

②抑：或。

③闺门之内无别：家庭之内男女无别。

④私家之际：私人家庭之间。

⑤游放之士：没被任用的读书人。

⑥退而容贤：自己退位，把位置让给贤能的人。

⑦郊舍：在郊外住宿。

⑧不御：不弹奏、吹奏。

译文

鲁哀公问孔子：“当今的君主，谁最贤明啊？”

孔子回答说：“我还没有看到，或许是卫灵公吧！”

哀公说：“我听说他家庭之内男女长幼没有分别，而你把他说成贤人，为什么呢？”

孔子说：“我是说他在朝廷所做的事，而不论他家庭内部的事情。”

哀公问：“朝廷的事怎么样呢？”

孔子回答说：“卫灵公的弟弟公子渠牟，他的智慧足以治理拥有千辆兵车的大国，他的诚信足以守卫这个国家，灵公喜欢他而任用他。又有个士人叫林国的，发现贤能的人必定推荐，如果那人被罢了官，林国还要把自己的俸禄分给他，因此在灵公的国家没有放任游荡的士人。灵公认为林国很贤明，因而很尊敬他。又有个叫庆足的士人，卫国有大事，就必定出来帮助治理；国家无事，就辞去官职，而让其他的贤人被容纳。卫灵公喜欢而且尊敬他。还有个大夫叫史鰌，因为道不能实行而离开卫国。卫灵公在郊外住了三天，不弹奏琴瑟，一定要等到史鰌回国，而后他才敢回去。我拿这些事来选取他，即使把他放在贤人的地位，不也可以吗？”

原文

子贡问于孔子曰："今之人臣，孰为贤①？"

子曰："吾未识也。往者齐有鲍叔②，郑有子皮③，则贤者矣。"

子贡曰："齐无管仲，郑无子产？"

子曰："赐，汝徒知其一，未知其二也。汝闻用力为贤乎？进贤为贤乎？"

子贡曰："进贤贤哉。"

子曰："然。吾闻鲍叔达管仲④，子皮达子产，未闻二子之达贤己之才者也。"

注释

①贤：贤能。

②鲍叔：即鲍叔牙，春秋时齐国人。他和管仲是好朋友，推荐管仲做齐桓公的相。

③子皮：郑国人，名罕虎。他推荐子产做郑国的相。

④达：显达。这里指使别人显达。

译文

子贡问孔子："当今的大臣，谁是贤能的人呢？"

孔子说："我不知道。从前，齐国有鲍叔，郑国有子皮，他们都是贤人。"

子贡说："齐国不是有管仲，郑国不是有子产吗？"

孔子说："赐啊，你只知其一，不知其二。你听说过自己努力成为贤人的人贤能呢？还是能举荐贤人的人贤能呢？"

子贡说："能举荐贤人的人贤能。"

孔子说："这就对了。我听说鲍叔牙使管仲显达，子皮使子产显达，却没有听说管仲和子产让比他们更贤能的人显达。"

原文

哀公问于孔子曰："寡人闻忘之甚者，徙而忘其妻①，有诸？"

孔子对曰："此犹未甚者也。甚者乃忘其身。"

公曰："可得而闻乎？"

孔子曰："昔者夏桀，贵为天子，富有四海，忘其圣祖之道，坏其典法，废其世祀，荒于淫乐，耽湎于酒。佞臣谄谀，窥导其心②；忠士折口③，逃罪不言。天下诛桀，而有其国。此谓忘其身之甚矣。"

注释

①徙：迁移。这里是搬家的意思。

②窥导：窥测引导。

③折口：闭口。

译文

鲁哀公问孔子说："我听说忘性大的人，搬了家就忘记了自己的妻子，有这种人吗？"

孔子回答说："这还不是忘性最大的，更厉害的是忘记了自身。"

鲁哀公说："可以说给我听听吗？"

孔子说："从前夏桀贵为天子，富有天下，却忘记了他圣明先祖的治国之道，破坏了先祖设立的典章制度，废除了世代的祭祀活动，放纵地淫逸享乐，沉湎于酒色。奸臣阿谀奉承，窥测迎合夏桀的心意；忠臣闭口不敢说话，逃避罪责不敢建言。天下人杀了夏桀，而占有了他的国家。这才是忘记了自身的典型啊！"

原文

孔子读《诗》，于①《正月》六章②，惕焉如惧，曰："彼不达之君子③，岂不殆哉？从上依世④，则道废；违上离俗，则身危。时不兴善，己独由之，则曰非妖即妄也。故贤也既不遇天，恐不终其命焉。桀杀龙逢[5]，纣杀比干[6]，皆类是也。《诗》曰[7]：'谓天盖高，不敢不局[8]。谓地盖厚，不敢不踏[9]。'此言上下畏罪，无所自容也。"

注释

①于：读到。

②正月：《诗经·小雅·节南山》中的一篇。

③不达：不得志。

④从上依世：顺从国君，依从世俗。

⑤龙逢：即关龙逢，传说为夏朝贤人，夏桀无道，为酒池糟丘，关龙逢极谏，被夏桀囚禁杀害。

⑥比干：殷纣王的叔伯父。传说纣王淫乱，比干犯颜强谏，被纣王剖心而死。

⑦诗：指《诗经·小雅·正月》。

⑧局：曲。

⑨踏：轻步，小步行走。

译文

孔子读《诗经》，读到《正月》第六章时，表现出一副提心吊胆很警惧的样子，说："那些不得志的君子，岂不是太危险了吗？顺从君主附和世俗，就得废弃道；违背君主远离世俗，自身就有危险。如果当时不提倡善，自己偏要追求善，有人就会说你反常或不合法。所以贤人如果不能遭逢天时，恐怕不能终养天年。夏桀杀害龙逢，商纣杀害比干，都是这一类的事。《诗经》说：'谁说天很高，走路不敢不弯腰；谁说地很厚，走路不敢不蹑脚。'这是就说对上下都怕得罪，没有自己的容身之地。"

原文

子路问于孔子曰："贤君治国，所先者何？"孔子曰："在于尊贤而贱不肖[1]。"子路曰："由闻晋中行氏尊贤而贱不肖矣，其亡何也[2]？"

孔子曰："中行氏尊贤而不能用，贱不肖而不能去。贤者知其不用而怨之，不肖者知其必己贱而仇之。怨仇并存于国，邻敌构兵于郊[3]，中行氏虽欲无亡，岂可得乎？”

注释

①贱：轻视。

②何也：为什么。

③构兵：集聚军队。

译文

子路问孔子说：“贤明的君主治理国家，首先要做的是什么呢？”孔子说：“在于尊重贤人而轻视不贤的人。”子路说：“我听说晋国中行氏尊重贤人而轻视不贤的人，他为什么灭亡了呢？”

孔子说：“中行氏尊重贤人却不任用他们，看不起不贤的人却不能撤换他们。贤人知道自己不会被任用而怨恨，不贤的人知道自己被看不起而仇恨。怨恨和仇恨的人同时存在于国内，邻国的军队又集聚于郊外，中行氏即使不想灭亡，能够做得到吗？”

原文

齐景公适鲁[1]，舍于[2]公馆，使晏婴迎孔子[3]。

孔子至，景公问政焉。孔子答曰：“政在节财。”

公悦。又问曰：“秦穆公国小处僻而霸[4]，何也？”

孔子曰：“其国虽小，其志大；处虽僻，而政其中。其举也果，其谋也和，法无私而令不偷[5]。首拔五羖[6]，爵之大夫，与语三日而授之以政。以此取之，虽王可，其霸少矣。”

景公曰：“善哉！”

注释

①适：到……去。

②舍于：住在。

③晏婴：字平仲，齐景公相，以节俭力行名显诸侯。

④秦穆公：嬴姓，名任好。他任用百里奚、蹇叔等，励精图治，国势曰强。

⑤偷：原作“愉”，王肃认为是“偷”字之误，为苟且之意。

⑥首拔五羖（gǔ）：首先选拔百里奚。五羖：指百里奚，秦穆公之贤相。他曾为楚囚，秦穆公闻其贤，用五羖羊皮赎之，称为五羖大夫。

译文

齐景公来到鲁国，住在宾馆里，派晏婴把孔子迎接来。

孔子到了宾馆，齐景公向他询问如何治理国家。孔子回答说：“治理国家在于节省财物。”

齐景公很高兴。又问道：“秦穆公的国家很小，处于偏僻之地却能称霸，这是为什么呢？”

孔子说：“他的国家虽然很小，他的志向却很大；虽处于偏僻之地，政治却恰到好处。他的举措也果断，谋略也适当，执法没有偏私，政令能够通行。首先提拔百里奚，授给他大夫的爵位，和他谈了三天就把政事交给他处理。采取这些办法，即使称王也是可以的，称霸还不算什么呢。”

齐景公说：“说得好啊！”

原文

哀公问政于孔子。

孔子对曰：“政之急者，莫大乎使民富且寿也。”

公曰：“为之奈何？”

孔子曰：“省力役，薄赋敛，则民富矣；敦礼教，远罪疾，则民寿矣。”

公曰：“寡人欲行夫子之言，恐吾国贫矣。”

孔子曰：“诗云①：‘恺悌君子，民之父母。’未有子富而父母贫者也。”

注释

①诗：指《诗经·大雅·泂酌》。

译文

鲁哀公向孔子询问治理国家的事。

孔子回答说："治理国家最急迫的事，没有比让民众富裕和长寿更重要的了。"

鲁哀公说："怎么才能做到呢？"

孔子说："减少劳役，减轻赋税，那么民众就会富裕；敦促礼仪教化，远离罪恶疾病，那么民众就会长寿。"

鲁哀公说："我想按您的话去做，又担心我的国家会贫穷啊！"

孔子说："《诗经》上说：'平易近人的君子，是民众的父母。'没有儿女富裕而父母却贫穷的。"

辩政第十四

“子贡问”章可以看出孔子回答问题“各因其事”，具有针对性，很灵活。文又见《韩非子·难三》《尚书大传》。“五谏章”，孔子赞扬讽谏。文又见《说苑·正谏》。“孔子谓宓子贱”章，讲求贤的重要。文又见《说苑·政理》《韩诗外传八》。“子贡为信阳宰”章中的一些名句，如：“知为吏者，奉法以利民；不知为吏者，枉法以侵民，此怨之所由也。治官莫若平，临财莫如廉，廉平之守，不可改也。”十分精彩。文又见《说苑·政理》。“子路治蒲”章，给后人提供观察执政好坏的视角。文又见《韩诗外传六》。

原文

子贡问于孔子曰：“昔者齐君问政于夫子，夫子曰政在节财。鲁君问政于夫子，子曰政在谕臣①。叶公问政于夫子，夫子曰政在悦近而来远。三者之问一也，而夫子应之不同，然政在异端乎②？”

孔子曰：“各因其事也。齐君为国，奢乎台榭③，淫于苑囿④，五官伎乐⑤，不解于时，一旦而赐人以千乘之家者三⑥，故曰政在节财。鲁君有臣三人⑦，内比周以愚其君⑧，外距诸侯之宾⑨，以蔽其明，故曰政在谕臣。夫荆之地广而都狭⑩，民有离心，莫安其居，故曰政在悦近而来远。此三者所以为政殊矣。《诗》云⑪：‘丧乱蔑资⑫，曾不惠我师⑬。’此伤奢侈不节以为乱者也。又曰：‘匪其止共，惟王之邛。’此伤奸臣蔽主以为乱也。又曰：‘乱离瘼矣，奚其适归？’此伤离散以为乱者也。察此三者，政之所欲，岂同乎哉！”

注释

①谕臣：了解大臣。谕：知道，了解。一说“谕”当作“论”，意为

选择。

②异端：不同方面。

③台榭：楼台水榭。

④苑囿（yòu）：宫室园林。

⑤五官伎乐：指声色享乐。五官：指眼、耳、鼻、舌、身五种感官。伎：歌女。

⑥千乘：《韩非子·难三》作："三百乘"，《尚书大传》作"百乘"，"千乘"恐误。

⑦有臣三人：指孟孙、叔孙、季孙三家。

⑧比周：勾结。愚：愚弄。

⑨距：同"拒"，拒绝。

⑩荆：即楚国。

⑪《诗》：此指《诗经·大雅·板》。

⑫丧乱蔑资：国家混乱，国库空虚。旧注："蔑，无也。资，财也。"

⑬曾不惠我师：曾：副词，可译为竟然。师：众。旧注："师，众也。夫为亡乱之政，重赋厚敛，民无资财，曾莫肯爱我众。"

译文

子贡问孔子说："从前齐国国君向您询问如何治理国家，您说治理国家在于节省财力。鲁国国君向您询问如何治理国家，您说在于了解大臣。叶公向您询问如何治理国家，您说治理国家在于使近处的人高兴，使远处的人前来依附。三个人的问题是一样的，而您的回答却不同，这是不是说治国有不同的方法呢？"

孔子说："按照各国不同的情况来治理。齐国君主治理国家，建造很多楼台水榭，修筑很多园林宫殿，声色享乐，无时无刻，有时一天就赏赐三个家族各一千辆战车，所以说为政在于节财。鲁国国君有三个大臣，在朝廷内相互勾结，愚弄国君，在朝廷外排斥诸侯国的宾客，遮盖他们明察的目光。所以说为政在于了解大臣。楚国国土广阔而都城狭小，民众想离开那里，不安心居所，所以说为政在于让近处的人高兴，让远方的人来依附。这三个国家的情况不同，所以施政方针也不同。《诗经》上说：‘国家混乱国库空，从不救济我百姓。’这是哀叹奢侈浪费不节约资财而导致国家动乱啊。又说：‘臣子不忠于职守，使国君担忧。’这是哀叹奸臣蒙蔽国君而导致国家动乱啊。又说：‘兵荒马乱心忧苦，何处才是我归宿。’这是哀叹民众四处离散，而导致国家动乱啊。考察这三种情况，根据政治的需要，方法难道可以相同吗？”

原文

孔子曰：“忠臣之谏君，有五义焉①：一曰谲谏②，二曰戆谏③，三曰降谏④，四曰直谏⑤，五曰风谏⑥。唯度主而行之，吾从其风谏乎。”

注释

①五义：五种方法。

②谲（jué）谏：直接指出问题而委婉地规劝。旧注：“正其事以谲谏其君。”

③戆（zhuàng）谏：刚直地规劝。旧注：“戆谏，无文饰也。”

④直谏：直截规劝。

⑤降谏：低声下气地规劝。旧注：“卑降其体所以谏也。”

⑥风谏：《说苑·正谏》作“讽谏”，意为以婉言隐语规劝。旧注：“风谏，依违远罪避害者也。”

译文

孔子说：“忠臣规劝君主，有五种方法：一是委婉而郑重地规劝，二是刚直地规劝，三是低声下气地规劝，四是直截痛快地规劝，五是用婉言隐语来规劝。这些方法需要揣度君主的心意来采用，我愿意采用婉言隐语的方法来规劝。”

原文

孔子谓宓子贱曰①：“子治单父②，众悦。子何施而得之也？子语丘所以为之者。”

对曰：“不齐之治也，父恤其子，其子恤诸孤，而哀丧纪③。”

孔子曰：“善！小节也，小民附矣，犹未足也。”

曰：“不齐所父事者三人，所兄事者五人，所友事者十一人。”

孔子曰：“父事三人，可以教孝矣；兄事五人，可以教悌矣；友事十一人，可以举善矣。中节也，中人附矣，犹未足也。”

曰：“此地民有贤于不齐者五人，不齐事之而禀度焉④，皆教不齐之道。”

孔子叹曰：“其大者乃于此乎有矣。昔尧舜听天下，务求贤以自辅。夫贤者，百福之宗也，神明之主也，惜乎不齐之以所治者小也。”

注释

①宓（mì）子贱：春秋时鲁国人，名不齐，字子贱，孔子弟子。

②单父：地名。鲁国都邑，故址在今山东省单县南。

③“父恤其子”三句：《说苑·政理》作“父其父，子其子，恤诸孤而哀丧纪”，意为像对待自己的父亲那样对待百姓的父亲，像对待自己的儿子那样对待百姓的儿子，救济所有的孤儿办好丧事。据此，“其子恤诸孤”之“其”字当衍。

④禀度：受教。

译文

孔子对宓子贱说：“你治理单父这个地方，百姓都很高兴。你是用什么方法而达到这样效果的呢？你告诉我都采用了什么办法。”

宓子贱回答说：“我治理的办法是，像父亲那样体恤百姓的儿子，像顾惜自己儿子那样照顾孤儿，而且以哀痛的心情办好丧事。”

孔子说：“好！这只是小节，小民就依附了，恐怕还不只这些吧。”

宓子贱说：“我像对待父亲那样事奉的有三个人，像兄长那样事奉的有五个人，像朋友那样交往的有十一个人。”

孔子说：“像父亲那样事奉这三个人，可以教民众孝道；像兄长那样事奉五个人，可以教民众敬爱兄长；像朋友那样交往十一个人，可以提倡友善。这只是中等的礼节，中等的人就会依附了，恐怕还不只这些吧。”

宓子贱说：“在单父这个地方，比我贤能的有五个人，我都尊敬地和他们交往并向他们请教，他们都教我治理之道。”

孔子感叹地说：“治理好单父的大道理就在这里了。从前尧舜治理天下，一定要访求贤人来辅助自己。那些贤人，是百福的来源，是神明的主宰啊。可惜你治理的地方太小了。”

原文

子贡为信阳宰[①]，将行，辞于孔子。孔子曰：“勤之慎之，奉天之时，无夺无伐，无暴无盗。”子贡曰：“赐也少而事君子，岂以盗为累哉？”

孔子曰：“汝未之详也。夫以贤代贤，是谓之夺；以不肖代贤，是谓之伐；缓令急诛[②]，是谓之暴；取善自与，谓之盗。盗非窃财之谓也。吾闻之，知为吏者，奉法以利民；不知为吏者，枉法以侵民。此怨之所由也。治官莫若平，临财莫如廉。廉平之守，不可改也。匿人之善，斯谓蔽贤；扬人之恶，斯为小人。内不相训[③]，而外相谤[④]，非亲睦也。言人之善，若己有之；言人之恶，若己受之。故君子无所不慎焉。”

注释

①信阳：地名。故址在今河南信阳南四十里。

②缓令急诛：命令慢，惩罚快。

③训：训诫，教育。

④谤：指责别人的过失。

译文

子贡要去当信阳宰，临行时，向孔子辞行。孔子说：“要勤勉谨慎，要顺应天时，不要夺不要伐，不要暴不要偷。”子贡说：“我从年轻时就侍奉您，难道您还担心我会有偷盗的行为吗？”

孔子说：“你没弄清我的意思。以贤人代替贤人，这叫作夺；以不贤者代替贤人，这叫做伐；法令下达缓慢惩罚却很急迫，这叫做暴；把好处都归于自己，这叫做盗。盗不是窃取财物的意思。我听说，懂得为官之道的人，依法行事来为民造福；不懂为官之道的人，歪曲法律来侵害人民。这就是百姓怨恨官吏的原因。作为官吏最重要的是公正，面对财物最重要的是廉洁。廉洁公正的操守是不能改变的。隐匿别人的优点，这叫蔽贤；宣扬别人的缺点，这是小人。当面不互相告诫，而背后相互诽谤，不会友好和睦。谈到别人的优点，如同自己有这些优点；谈到别人的缺点，如同自己有这些缺点。所以君子做任何事没有不谨慎的。”

原文

子路治蒲三年，孔子过之，入其境，曰：“善哉由也！恭敬以信矣。”入其邑曰[①]：“善哉由也！忠信而宽矣。”至廷曰[②]：“善哉由也！明察以断矣。”

子贡执辔而问曰：“夫子未见由之政，而三称其善，其善可得闻乎？”

孔子曰：“吾见其政矣。入其境，田畴尽易[③]，草莱甚辟[④]，沟洫深治，此其恭敬以信，故其民尽力也。入其邑，墙屋完固，树木甚茂，此其忠信以宽，故其民不偷也[⑤]。至其庭，庭甚清闲，诸下用命[⑥]，此其言明察以断，故其政不扰也[⑦]。以此观之，虽三称其善，庸尽其美乎[⑧]？”

注释

①邑：古代对于城市以及城市与其周边地区组成的行政单位的称谓。

②廷：官衙。

③田畴：耕熟的田地。易：治理。

④草莱：杂草。辟：除去，清除。

⑤偷：怠惰。

⑥诸下：指官衙中的臣仆人等。用命：听从命令。

⑦不扰：不受干扰。

⑧庸：副词，岂，难道。

译文

子路治理蒲地三年，孔子经过蒲地，进入其境内，说："子路做得好啊！以恭敬来取得信用。"进入城里，说："子路做得好啊！忠信而宽大。"进入官衙，说："子路做得好啊！经过明察来做出判断。"

子贡拉着马缰绳问道："您还没有看见子路处理政事，却三次称赞他做得好，他的善政可以说给我听听吗？"

孔子说："我看见他的善政了。进入蒲地境内，田地都整治过了，杂草都清除了，沟渠都挖深了，说明他以恭敬取得了信用，所以老百姓种田很努力。进入城里，看到墙壁房屋都很坚固，树木生长茂盛，这说明他忠信而且宽大，所以老百姓不会磨工偷懒。进入官衙的厅堂，厅堂中清净闲适，下面办事的人都听从他的命令，这说明他能明察做出判断，所以政事有条不紊。以此看来，我虽然三次称赞他做得好，难道能说尽他的优点吗？"

卷四

六本第十五

这篇也是由诸多篇章组成，先择其要者介绍。“行己有六本”章，指立身、丧纪、战阵、治政、居国、生财六个方面都要立本。又见《说苑·建本》，文字略有不同。“良药苦于口而利于病，忠言逆于耳而利于行”，是流传甚广的两句话。本章也是讲谏诤的。文又见《说苑·正谏》。“孔子在齐”章，孔子根据“天之以善，必报其德，祸亦如之”的格言，推断出周釐王庙的火灾。事情虽属巧合，对奢侈者也有警诫作用。其事又见《说苑·权谋》。“孔子读《易》”章，讲损、益的辩证关系。反对持满，主张以虚受人，成其满博。又见《说苑·敬慎》。“曾子耘瓜”章不主张“殪而不避”的愚孝，又见《说苑·建本》和《韩诗外传八》。“孔子游于泰山”章，孔子赞扬能自我宽慰的人。文又见《列子·天瑞》和《说苑·杂言》。“孔子曰吾死之后”章，留下千古名句：“与善人居，如入芝兰之室，久而不闻其香，即与之化矣。与不善人居，如入鲍鱼之肆，久而不闻其臭，亦与之化矣。丹之所藏者赤，漆之所藏者黑，是以君子必慎其所与处者焉。”文字又见《说苑·杂言》。

原文

孔子曰：“行己有六本焉①，然后为君子也。立身有义矣②，而孝为本；丧纪有礼矣，而哀为本；战阵有列矣，而勇为本；治政有理矣，而农为本；居国有道矣，而嗣为本[3]；生财有时矣，而力为本。置本不固，无务农桑；亲戚不悦，无务外交；事不终始，无务多业；记闻而言，无务多说；比近不安，无务求远。是故反本修迩[4]，君子之道也。”

注释

①行己：立身处世。本：根本。

②义：仁义。

③嗣：子孙，这里指选定继位之君。

④反本修迩：返回到事物的根本，从近处做起。

译文

孔子说：“立身行事有六个根本，然后才能成为君子。立身有仁义，孝道是根本；举办丧事有礼节，哀痛是根本；交战布阵有行列，勇敢是根本；治理国家有条理，农业是根本；掌管天下有原则，选定继位人是根本；创造财富有时机，肯下力气是根本。根本不巩固，就不能很好地从事农桑；不能让亲戚高兴，就不要进行人事交往；办事不能有始有终，就不要经营多种产业；道听途说的话，就不要多说；不能让近处安定，就不要去安定远方。因此返回到事物的根本，从近处做起，是君子遵循的途径。”

原文

孔子曰：“良药苦于口而利于病，忠言逆于耳而利于行。汤武[1]以谔谔而昌[2]，桀纣[3]以唯唯而亡[4]。君无争臣[5]，父无争子，兄无争弟，士无争友，无其过者，未之有也。故曰：‘君失之，臣得之；父失之，子得之；兄失之，弟得之；己失之，友得之。’是以国无危亡之兆，家无悖乱之恶，父子兄弟无失，而交友无绝也。”

注释

①汤武：商汤王和周武王。

②谔谔：直言进谏的样子。

③桀纣：夏桀王和商纣王。

④唯唯：恭敬顺从的应答声。

⑤争：通“诤”，直言劝谏。

译文

孔子说：“良药苦口利于病，忠言逆耳利于行。商汤和周武王因为能听取进谏的直言，而使国家昌盛，夏桀和商纣，因为只听随声附和的话而国破身亡。国君没有直言敢谏的大臣，父亲没有直言敢谏的儿子，兄长没有直言敢劝的弟弟，士人没有直言敢劝的朋友，要想不犯错误是不可能的。所以说：‘国君有失误，臣子来补救；父亲有失误，儿子来补救；哥哥有失误，弟弟来补救；自己有失误，朋友来补救。’这样，国家就没有灭亡的危险，家庭就没有悖逆的坏事，父子兄弟之间不会失和，交往的朋友也不会断绝来往。”

原文

孔子在齐[①]，舍于外馆，景公造焉[②]。宾主之辞既接，而左右白曰：“周使适至，言先王庙灾。”景公覆问：“灾何王之庙也?”孔子曰：“此必釐王之庙[③]。”公曰：“何以知之?”

孔子曰：“《诗》云[④]：‘皇皇上天，其命不忒[⑤]。’天之以善，必报其德，祸亦如之。夫釐王变文武之制，而作玄黄华丽之饰，宫室崇峻，舆马奢侈，而弗可振也[⑥]。故天殃所宜加其庙焉。以是占之为然[⑦]。”

公曰：“天何不殃其身，而加罚其庙也?”

孔子曰：“盖以文武故也。若殃其身，则文武之嗣，无乃殄乎[⑧]？故当殃其庙以彰其过。”

俄顷，左右报曰：“所灾者，釐王庙也。”

景公惊起，再拜曰：“善哉！圣人之智，过人远矣。”

注释

①齐：齐国。

②造：造访，访问。

③嫠王：东周国君，周庄王之子，名胡。

④诗：此诗已佚，今本《诗经》无。旧注："此逸诗也。皇皇，美貌也。"

⑤忒：变更，差错。

⑥振：救。

⑦占：预测，推测。

⑧殄（tiǎn）：断绝，灭绝。

译文

孔子在齐国，住在旅馆里，齐景公到旅馆来看他。宾主刚互致问候，齐景公身边的人就报告说："周国的使者刚到，说先王的宗庙遭了火灾。"齐景公追问："哪个君王的庙被烧了？"孔子说："这一定是釐王的庙。"齐景公问："怎么知道的呢？"

孔子说："《诗经》说：'伟大的上天啊，它所给予的不会有差错。'上天降下的好事，一定回报给有美德的人，灾祸也是如此。釐王改变了文王和武王的制度，而且制作色彩华丽的装饰，宫室高耸，车马奢侈，而无可救药。所以上天把灾祸降在他的庙上。我以此作了这样的推测。"

齐景公说："上天为什么不降祸到他的身上，而要惩罚他的宗庙呢？"

孔子说："大概是因为文王和武王的缘故吧。如果降到他身上，文王和武王的后代不是灭绝了吗？所以降灾到他的庙上来彰显他的过错。"

一小会儿，有人报告："受灾的是釐王的庙。"

齐景公吃惊地站起来，再次向孔子行礼说："好啊！圣人的智慧，超过一般人太多了。"

原文

孔子读《易》，至于《损》《益》①，喟然而叹。子夏避席问曰②："夫子何叹焉？"

孔子曰："夫自损者必有益之，自益者必有决之[③]，吾是以叹也。"子夏曰："然则学者不可以益乎？"

子曰："非道益之谓也，道弥益而身弥损。夫学者损其自多，以虚受人，故能成其满博也。天道成而必变，凡持满而能久者，未尝有也。故曰：'自贤者，天下之善言不得闻于耳矣。'昔尧治天下之位[④]，犹允恭以持之[⑤]，克让以接下[⑥]。是以千岁而益盛，迄今而逾彰。夏桀昆吾[⑦]，自满而极，亢意而不节[⑧]，斩刈黎民如草芥焉[⑨]。天下讨之如诛匹夫，是以千载而恶著，迄今而不灭。观此，如行则让长，不疾先；如在舆，遇三人则下之，遇二人则式之。调其盈虚，不令自满，所以能久也。"

子夏曰："商请志之，而终身奉行焉。"

注释

①损、益：《周易》中的卦名。

②避席：离开席位。表示尊敬。

③决：缺，损失。

④尧：尧帝，姓尹祁，号放勋。因封于唐，故称"唐尧"，由于他德高望重，人民倾心于帝尧。他严肃恭谨，光照四方，上下分明，能团结族人，使邦族之间团结如一家，和睦相处。尧为人简朴，吃粗米饭，喝野菜汤，自然得到人民的爱戴。

⑤允恭：诚信恭敬。

⑥克让：能谦让。

⑦昆吾：夏、商之间部落名。初封于濮阳。夏衰，昆吾为夏伯，后为商汤所灭。此指昆吾之君。旧注："昆吾国与夏桀作乱。"

⑧亢意：恣意妄为。

⑨刈（yì）'割。草芥：比喻轻贱，不足珍惜。芥，细微。亦指小草。

译文

孔子读《周易》，读到《损》《益》二卦时，感慨地叹息着。子夏离开坐位问道："先生您为什么叹息啊？"

孔子说："自己减少的必定会有增加，自己增加的必定会有减少。我因此叹息啊！"子夏说："那么学习的人不可以增加知识吗？"

孔子说："我讲的不是道的增长，道愈增长而自身愈有损耗。学者要减损自己本来就多的东西，用虚心的态度接受别人的指教，所以才能成就完满和广博。按照规律，事物完成后必定还会变化，凡是完满而能保持长久的事，是不曾有的。所以说，自认为贤能的人，天下那些美好的话他是听不到的。从前尧处在治理天下的位置上，尚且以诚信恭敬的态度处理政事，以谦让的态度和下面的人交往。所以经过千年名声愈来愈盛，到今天更加彰显。夏桀、昆吾自满至极，恣意妄为而不加节制，斩杀百姓如割草一般。天下人讨伐他，如同杀一个平民，所以经过千年恶名愈来愈昭著，至今也没有磨灭。看到这些，如果在路上行走就要让长者先行，不抢先；如果坐在车上，遇到三个人就要下车，遇到两个人就要扶着车前横木致敬。调节盈满和虚空，不自我满足，所以能够长久。"

子夏说："请让我把这些话记下来，而且要终身奉行。"

原文

曾子耘瓜①，误斩其根。曾皙怒②，建大杖以击其背③。曾子仆地而不知人久之④。有顷，乃苏，欣然而起，进于曾皙曰："向也参得罪于大人，大人用力教参，得无疾乎？"退而就房，援琴而歌，欲令曾皙而闻之，知其体康也。

孔子闻之而怒，告门弟子曰："参来勿内。"曾参自以为无罪，使人请于孔子。

子曰："汝不闻乎？昔瞽瞍有子曰舜⑤，舜之事瞽瞍，欲使之，未尝不在于侧；索而杀之，未尝可得。小棰则待过，大杖则逃走。故瞽瞍不犯不父之罪，而舜不失烝烝之孝⑥。今参事父，委身以待暴怒，殪而不避⑦，既身死而陷父于不义，其不孝孰大焉？汝非天子之民也，杀天子之民，其罪奚若⑧？"

曾参闻之曰："参罪大矣。"遂造孔子而谢过。⑨

注释

①耘瓜：在瓜地锄草。

②曾皙：曾参之父，孔子弟子。

③建：操，拿起。

④不知人：不省人事。

⑤瞽瞍：舜父亲的别名。传说他溺爱舜的弟弟，多次想害死舜。时人认为他有目不能分辨好坏，故称他为瞽叟。

⑥烝烝：淳厚貌。

⑦殪（yì）：死。

⑧奚若：何如。

⑨造：拜访。

译文

曾参在瓜地锄草，错把瓜苗的根锄断了，他的父亲曾皙发了怒，拿起大棍子就向他的脊背打去。曾子倒在地上，好长时间都不省人事。过了一会，曾子苏醒了，高兴地站起来，走上前对曾皙说："刚才我得罪了父亲大人，大人用力来教训我，没有受伤吧？"曾参说完回到屋里，弹着琴唱起了歌，想让曾皙听到，知道他身体没有问题。

孔子听到这件事发了怒，告诉弟子说："曾参来了不要让他进来。"曾参自以为没错，让人告诉孔子他要来拜见。

孔子说："你没有听说过吗？从前瞽瞍有个儿子叫舜，舜侍奉瞽瞍，瞽瞍想使唤他的时候，他没有不在身边的；但要找他把他杀掉时，却怎么也找不到。用小棍子打，他就挨着；用大棍子打，他就逃走。所以瞽瞍没有犯下不遵行父道的罪，而舜也没有失去尽心进孝的机会。现在曾参你侍奉父亲，挺身等待父亲的暴怒，打死也不躲避，这样做，自己死了还要陷父亲于不义，不孝还有比这更大的吗？你难道不是天子的子民啊！杀天子的子民，有哪样罪比得上呢？"

曾参听后说："我的罪大了。"于是到孔子那里去拜访承认错误。

原文

孔子游于泰山，见荣声期[1]行乎郕[2]之野，鹿裘带索[3]，瑟瑟而歌[4]。

孔子问曰："先生所以为乐者，何也？"

期对曰："吾乐甚多，而至者三。天生万物，唯人为贵，吾既得为人，是一乐也；男女之别，男尊女卑，故人以男为贵，吾既得为男，是二乐也；人生有不见日月[5]，不免襁褓者[6]，吾既以行年九十五矣，是三乐也。贫者士之常，死者人之终。处常得终，当何忧哉？"

孔子曰："善哉！能自宽者也。"

注释

①荣声期：《列子·天瑞篇》作"荣启期"，善弹琴。

②郕：春秋时国名，周武王封其弟叔武于此。

③鹿裘带索：穿着粗劣的衣服系着绳子做成的腰带。鹿裘，旧注："鹿裘乃裘之粗者，非以鹿为裘也。鹿车乃车之粗者，非以鹿驾车也。麤从三鹿，故鹿有粗义。"

④瑟瑟：弹瑟。《列子·天瑞篇》作"鼓瑟"。

⑤不见日月：指胎儿未出生就死于母腹中。

⑥不免襁褓：指幼儿时已亡。

译文

孔子在泰山游历，看到荣启期走在郕国的郊外，穿着粗劣的衣服，系着绳子做的腰带，弹着瑟唱着歌。

孔子问道："先生您这么快乐，是为什么呢？"

荣启期回答说："我的快乐很多，最快乐的事情有三件：天生万物，唯有人最尊贵，我既然能成为人，是第一件快乐的事；人有男女之别，男尊女卑，人们以男子为尊贵，我既然成为男子，是第二件快乐的事；人有没出生就死在母腹中的，还有在襁褓中就死亡的，我现在已活到九十五岁，这是第三件快乐的事。贫穷，是士人的常态；死亡，是人的最终结果。处于常态以终天年，还有什么可忧愁的呢？”

孔子说：“好啊！他是能够自我宽慰的人。”

原文

孔子曰：“吾死之后，则商也日益①，赐也日损②。”

曾子曰③：“何谓也？”

子曰：“商也好与贤己者处，赐也好说不若己者。不知其子视其父，不知其人视其友，不知其君视其所使，不知其地视其草木。故曰：与善人居④，如人芝兰之室⑤，久而不闻其香，即与之化矣。与不善人居，如入鲍鱼之肆⑥，久而不闻其臭，亦与之化矣。丹之所藏者赤，漆之所藏者黑。是以君子必慎其所与处者焉。”

注释

①商：即卜商，字子夏，孔子弟子。

②赐：即端木赐，字子贡，孔子弟子。

③曾子：即曾参。

④“与善人居”以下一段话为曾子语，见《大戴礼记·曾子疾病》篇。

⑤芝兰之室：有芝兰等香草的屋子。比喻美好的环境。

⑥鲍鱼之肆：卖咸鱼的店铺。比喻环境恶劣。

译文

孔子说：“我死之后，子夏会一天比一天进步，子贡会一天比一天退步。”

曾子问：“为什么这样说呢？”

孔子说：“子夏喜欢与比自己贤能的人相处，子贡喜欢与不如自己的人相处。不了解他的儿子，就看看他的父亲；不了解他本人的为人，就看看他的朋友；不了解君主，就看看他任命的大臣；不了解土地，就看看地上生长的草木。所以说：与善人相处，就像进入有香草的屋子，时间长了就闻不到香味，说明已与香气融合在一起了。与不善的人相处，就如同进入咸鱼铺子，时间长了就闻不到臭味了，这是被臭味同化了。装丹砂的容器会变成红色，装漆的容器会变成黑色。这就是为什么君子要谨慎地选择与自己相处的人的原因。”

辩物第十六

孔子非常善于学习，不仅靠读书，还要实地去考察访问，因此见多识广。遇到事情，有时只靠推测判断就能得出正确的结论。孔子从陈惠公庭上死隼身上的箭，判别为“肃慎氏贡楛矢”，此事又见于《国语·鲁语下》。孔子向郯子学习的事见于《春秋左氏传》昭公十七年。阳虎奔齐篇，预测赵简子任用阳虎会给国家带来祸患，看出孔子是位智者。其事又见《春秋左氏传》定公九年。

原文

孔子在陈①，陈惠公②宾之于上馆③。时有隼集陈侯之庭而死④，楛矢贯之石砮⑤，其长尺有咫⑥，惠公使人持隼如孔子馆而问焉。

孔子曰：“隼之来远矣，此肃慎氏之矢⑦。昔武王克商，通道于九夷百蛮⑧，使各以其方贿来贡⑨，而无忘职业。于是肃慎氏贡桔矢石砮，其长尺有咫。先王欲昭其令德之致远物也⑩，以示后人，使永鉴焉⑪，故铭其栝曰‘肃慎氏贡桔矢’，以分大姬⑫。配胡公，而封诸陈⑬。古者分同姓以珍玉，所以展亲亲也⑭；分异姓以远方之职贡，所以无忘服也⑮。故分陈以肃慎氏贡焉。君若使有司求诸故府，其可得也。”

公使人求得之，金牍如之⑯。

注释

①陈：陈国。

②陈惠公：陈哀公之孙，名吴。在位二十八年卒，谥惠。

③上馆：上等馆舍。

④隼集陈侯之庭而死：旧注：“隼，鸟也。始集庭便死。”隼，又称

鹘，一种凶猛的鸟。

⑤楛（kǔ）矢：楛木做的箭杆。楛为荆类植物，茎可制箭杆。石砮：石头做的箭头。

⑥咫：长度单位，八寸为一咫。

⑦肃慎氏：古民族名。

⑧九夷百蛮：旧注："九夷，东方九种。百蛮，夷狄百种。"指各方少数民族。

⑨方贿：地方所贡的财物土产。

⑩令德：美好的德行。

⑪永鉴：永远作为借鉴。

⑫大姬：周武王之女。

⑬胡公：虞舜的后代。

⑭展亲亲：表示亲近的亲属关系。

⑮服：臣服，服从。

⑯金牍：写有金字的书板。

译文

孔子在陈国，陈惠公请他住在上等馆舍里。当时有一只死的隼鸟陈列在陈惠公的厅堂上，射穿它的箭的箭杆是楛木制成，箭头是石头的，长度有一尺八寸。陈惠公让人拿着死鸟到孔子的馆舍询问这件事。

孔子说："隼鸟是从很远的地方来的啊！这是肃慎氏的箭。从前周武王攻克商朝时，打通了通向各少数民族的道路，让他们以各自的特产来进贡，并要求按职业进贡物品。于是慎肃氏进贡了用楷楛木作杆、石头作箭头的箭，长有一尺八寸。武王欲显示他的美德能使远方来进贡，以此来昭示后人，永远作为借鉴，所以在箭杆的末端刻着'肃慎氏贡楛矢'几个字，把它赏给他的女儿大姬。女儿嫁给胡公，封在陈地。古代把珍玉分给同姓，为了表示亲属的亲密关系；把远方的贡物分给异姓，是为了让他们不忘记臣服。所以把肃慎氏的贡物分给陈国。您如果派官员到从前的府库中去找，就可以得到。"

陈惠公派人去找，得到写有金字的简牍，果然和孔子说得一样。

原文

郯子朝鲁[①]，鲁人问曰[②]：“少昊氏以鸟名官[③]，何也?”

对曰：“吾祖也，我知之。昔黄帝以云纪官[④]，故为云师而云名[⑤]。炎帝以火[⑥]，共工以水[⑦]，大昊以龙[⑧]，其义一也。我高祖，少昊挚之立也，凤鸟适至，是以纪之于鸟，故为鸟师而鸟名。自颛顼氏以来[⑨]，不能纪远，乃纪于近，为民师而命以民事，则不能故也。”

孔子闻之，遂见郯子而学焉。既而告人曰：“吾闻之，天子失官，学在四夷[⑩]，犹信。”

注释

①郯（tán）子：郯国国君。郯：古国名，少昊之后。

②鲁人：指鲁国大夫叔孙昭子。

③少昊氏：传说中的古部落首领名。也作少皞。名挚，字青阳。黄帝子。旧注：“少昊，金天氏也。”

④黄帝：古代部落首领，又号轩辕氏、有熊氏。打败了炎帝和蚩尤，被尊为天子，代替神农氏。有土德之瑞，故号黄帝。

⑤为云师而云名：指百官之长都以云为名。师，长。旧注：“师，长也。云，纪其官长而为官名者也。”

⑥炎帝：传说中的古帝。因以火德王，故称炎帝。作耒耜，教人耕种，故又号神农氏。

⑦共工：古代传说中的天神，与颛顼争为帝，有头触不周山的故事。

⑧大昊：古代传说中的部落首领，即伏羲氏。相传他始画八卦，教民捕鱼畜牧，以充庖厨，又称庖牺氏。

⑨颛顼氏：古五帝之一。相传为黄帝之孙。又号高阳氏。

⑩学在四夷：旧注：“孔子称官学在四夷，疾时之废学也。郯，少昊之后，以其世则远矣，以其国则小矣。鲁公之后，以其世则远矣，以其国则大矣。然其知礼不若郯子，故孔子发此言疾时之不学也。”

译文

郯国国君朝拜鲁国，鲁国人叔孙昭子问："少昊氏用鸟名来命名官职，这是为什么呢？"

郯子回答说："少昊氏是我的祖先，我知道这件事。从前黄帝用云来命名官职，所以百官之长都以云为名。炎帝用火命名官职，共工用水命名官职，大昊氏用龙命名官职，意思都是一样的。我的高祖少昊挚继位时，凤鸟正好飞来，因此用鸟来命名，所以称鸟师而以鸟命名。自颛顼氏以来，不能用远来的事物命名，就用身边的事物来命名，设立长官就用民众所做的事来命名，那就不能像原来那样做了。"

孔子听说了这件事，就去拜见郯子向他学习。后来告诉别人说："我听说，天子的官学失传，可以向四周的小国学习，这话是真实可信的。"

原文

阳虎①既奔齐②，自齐奔晋③，适赵氏④。孔子闻之，谓子路曰："赵氏其世有乱乎？"子路曰："权不在焉，岂能为乱？"

孔子曰："非汝所知。夫阳虎亲富而不亲仁，有宠于季孙⑤，又将杀之，不克而奔，求容于齐⑥。齐人囚之，乃亡归晋。是齐、鲁二国，已去其疾。赵简子好利而多信，必溺其说而从其谋，祸败所终，非一世可知也。"

注释

①阳虎：鲁国大夫季孙氏的家臣。

②齐：齐国。

③晋：晋国。

④赵氏：即赵鞅。晋定公时为卿，谥简，故称赵简子。

⑤季孙：指鲁国大夫季桓子。

⑥容：收留。

译文

季孙氏的家臣阳虎逃到齐国后，又从齐国跑到晋国，投奔了赵简子。孔子听说了这件事，对子路说："赵氏的后代恐怕要有动乱吧?"子路说："阳虎拿不到权，怎么能动乱?"

孔子说："不是你理解的那样，阳虎亲近富人而不亲近仁人，得宠于季桓子，而又要杀害他，未得逞又逃走，请求齐国接纳他。齐人囚禁了他，他又逃到晋国。这样，齐、鲁两国都去掉了祸根。赵简子贪图利益而又轻信，必定会轻信他的话而听从他的谋划，祸患引起的最终后果，不是这一代人能知道的啊。"

哀公问政第十七

“哀公问政于孔子”章，是由《礼记·中庸》改写而来，当中用“哀公问”做衔接，似更合理。彼此可参看。内容主要讲儒家的施政原则，如五达道、三达德、治国九经、诚、择善固执等等。

原文

哀公问政于孔子①。

孔子对曰：“文武之政，布在方策②。其人存则其政举，其人亡则其政息。天道敏生，人道敏政，地道敏树。夫政者，犹蒲卢也③，待化以成，故为政在于得人。取人以身，修道以仁。仁者，人也，亲亲为大；义者，宜也，尊贤为大。亲亲之杀，尊贤之等，礼所以生也。礼者，政之本也，是以君子不可以不修身。思修身，不可以不事亲；思事亲，不可以不知人；思知人，不可以不知天。天下之达道有五④，其所以行之者三。曰君臣也，父子也，夫妇也，昆弟也，朋友也，五者，天下之达道。智仁勇三者，天下之达德也。所以行之者，一也。或生而知之，或学而知之，或困而知之⑤，及其知之，一也。或安而行之，或利而行之，或勉强而行之，及其成功，一也。”

公曰：“子之言美矣，至矣！寡人实固，不足以成之也。”

孔子曰：“好学近乎智，力行近乎仁，知耻近乎勇。知斯三者，则知所以修身；知所以修身，则知所以治人；知所以治人，则能成天下国家者矣。”

公曰：“政其尽此而已乎？”

孔子曰：“凡为天下国家有九经，曰修身也，尊贤也，亲亲也，敬大臣也，体群臣也，子庶民也⑥，来百工也，柔远人也⑦，怀诸侯也。夫修身则道立，尊贤则不惑，亲亲则诸父兄弟不怨⑧，敬大臣则不眩，体群臣则士之报礼重⑨，子庶民则百姓劝，来百工则财用足，柔远人则四方归之，怀诸侯则天下畏之。”

公曰：“为之奈何？”

孔子曰：“齐洁盛服⑩，非礼不动，所以修身也。去谗远色，贱财而贵德，所以尊贤也。爵其能⑪，重其禄，同其好恶，所以笃亲亲也。官盛任使⑫，所以敬大臣也。忠信重禄，所以劝士也。时使薄敛，所以子百姓也。日省月考⑬，既廪称事，所以来百工也。送往迎来，嘉善而矜不能，所以绥远人也⑭。继绝世，举废邦⑮，治乱持危，朝聘以时，厚往而薄来，所以怀诸侯也。治天下国家有九经，其所以行之者，一也。凡事豫则立⑯，不豫则废。言前定则不跲，事前定则不困，行前定则不疚⑰，道前定则不穷。在下位不获于上，民弗可得而治矣。获于上有道，不信于友，不获于上矣。信于友有道，不顺于亲⑱，不信于友矣。顺于亲有道，反诸身不诚，不顺于亲矣。诚身有道，不明于善，不诚于身矣。诚者，天之至道也。诚之者⑲，人之道也。夫诚，弗勉而中，不思而得，从容中道⑳，圣人之所以体定也；诚之者，择善而固执之者也。”

公曰：“子之教寡人备矣，敢问行之所始？”

孔子曰：“立爱自亲始，教民睦也；立敬自长始，教民顺也。教之慈睦，而民贵有亲；教以敬，而民贵用命。民既孝于亲，又顺以听命，措诸天下无所不可。”

公曰：“寡人既得闻此言也，惧不能果行而获罪咎㉑。”

注释

①哀公：鲁哀公，姓姬名蒋，“哀”为谥号。

②布在方策：记载在木板和竹简上。方：书写用的木板。策：竹简。

③蒲卢：旧注：“蒲卢，蜾蠃也，谓土蜂也。取螟蛉而化之以为子，为政化百姓，亦如之者也。”一说指芦苇，性柔而生长快速。

④达道：天下古今共同遵守的道理。

⑤困：困苦，阻塞。

⑥子庶民：以平民百姓为子。

⑦柔远人：厚待远方来的人。

⑧诸父：指父辈的族人，如叔伯等。

⑨报礼重：回报的礼重。

⑩齐洁盛服：斋戒沐浴，使身心洁静，身穿盛服。齐：通“斋”。

⑪爵其能：给有能力的人加官晋爵。

⑫官盛任使：官吏很多，听凭差遣。旧注：“盛其官，委任使之也。”

⑬日省月考：每天省察，每月考核。

⑭绥远人：安抚边远地方的人民。绥：安抚。

⑮举废邦：复兴已经没落的邦国。

⑯豫：事先准备。

⑰疚：惭愧。

⑱不顺于亲：不听从父母的教导。

⑲诚之：按诚去做。

⑳从容：安闲舒缓，不慌不忙。中道：合乎道。

㉑罪咎：罪责。

译文

鲁哀公向孔子询问治国之道。

孔子回答说：“周文王、周武王的治国方略，记载在简册上。这样的贤人在世，他的治国措施就能施行；他去世，他的治国措施就不能施行了。天之道就是勤勉地化生万物，人之道就是勤勉地处理政事，地之道就是迅速地让树木生长。政治，就像土蜂取螟蛉之子化为自己之子一样快速，得到教化就能很快成功，所以治理国家最重要的是得到人才。选取人才在于修养自身，修养道德要以仁为本。仁，就是具有爱人之心，爱亲人是最大的仁。义，就是事事做得适宜，尊重贤人是最大的义。爱亲人要分亲疏，尊重贤人要有等级，这就产生了礼。礼，这是政治的根本。因此君子不可以不修身。想要修身，不能不侍奉父母；要侍奉父母，不能不了解人；要了解人，不能不知天。天下共通的人伦大道有五条，用来实行这五条人伦大道的德行有三种。君臣之道，父子之道，夫妇之道，兄弟之道，朋友之道，这五条是天下共通的大道。智、仁、勇三种品德，是天下共通的道德。实行这些的目标都是一致的。有的人天生就知道，有的人通过学习才能知道，有的人经历了困苦才知道，最终都知道了，这是一样的。有的人心安理得地去做，有的人为了名利去做，有的人被迫勉强去做，最终成功了，都是一样的。"

哀公说："您说得太好了，达到极点了，但我实在鄙陋，不足以成就这些。"

孔子说："喜欢学习接近于有智慧，努力实行接近于有仁心，知道耻辱接近于有勇气。知道了这三者，就知道了如何修身；知道如何修身，就知道如何治理人；知道如何治理人，就能完成治理国家的事情了。"

哀公问："治理国家的事到此就完了吗？"

孔子说："凡是治理天下国家有九条原则，那就是：修养自身，尊重贤人，亲爱亲人，敬重大臣，体恤群臣，爱民如子，招纳工匠，优待远客，安抚诸侯。修养自身就能确立正道，尊重贤人就不会困惑，亲爱族人叔伯兄弟就不会怨恨，敬重大臣遇事就不会迷惑，体恤群臣士人的回报就会更加厚重，爱民如子百姓就会努力工作，招纳百工财物就会充足，优待远客四方之人就会归顺，安抚诸侯天下人就会敬畏。"

哀公问："怎么做呢？"

孔子说："像斋戒那样穿着庄重的服装静心虔诚，不符合礼仪的事坚决不做，这就是修养自身的原则。驱除小人，疏远女色，看轻财物而重视德行，这就是尊重贤人的原则。给有才能的人加官晋爵，给以丰厚的俸禄，与他们爱憎一致，这就是让亲人更加亲爱的原则。官员众多足供任使，这就是劝勉大臣的原则。真心诚意地任用，给以丰厚的俸禄，这就是奖劝士人的原则。劳役不误农时，减少赋税，这就是爱民如子的原则。每天省察，每月考核，付给的工钱粮米与工作业绩相称，这就是奖劝百工的原则。来时欢迎，去时欢送，嘉奖有善行的人而怜惜能力差的人，这就是优待远客的原则。延续绝嗣的家族，复兴废亡的小国，治理祸乱，扶持危弱，按时接受诸侯朝见聘问，赠送丰厚，纳贡菲薄，这就是安抚诸侯的原则。治理天下国家有九条原则，实行这些原则的方法只有一个。任何事情，事先有准备就会成功，无准备就会失败。说话先有准备，语言就会顺畅；做事先有准备，就不会出现困窘；行动先有准备，就不会愧疚；道路预先选定，就不会阻碍不通。在下位的人得不到在上位人的信任，就不可能治理好民众。得到在上位人的信任是有规则的，得不到朋友的信任，就得不到在上位人的信任。得到朋友的信任是有规则的，不能让父母顺心，就得不到朋友的信任。让父母顺心是有规则的，反省自己不真诚，就不能让父母顺心。使自己真诚是有规则的，不明白什么是善，就不能使自己真诚。真诚，是上天的原则；追求真诚，是做人的原则。如果有诚心，不用勉强就能做到，不用思考就能拥有，从从容容就能符合中庸之道，这是圣人表现出来的形象。真诚的人，就是选择好善的目标执着追求的人。”

哀公说：“您教给我的方法已经很完备了，请问从什么地方开始实施呢?”

孔子说：“树立仁爱从爱父母开始，可以教民众和睦；树立恭敬从尊敬长辈开始，可以教民众顺从。教人慈爱和睦，民众就会认为亲人是最宝贵的；教人恭敬，民众就会认为服从命令是最重要的。民众既能孝顺父母，又能听从命令，让他们做天下的任何事情，没有不行的。”

鲁哀公说：“我既然已经听到了这些话，很害怕不能果断地实行而犯错误。”

卷 五

颜回第十八

这篇是记载颜回言行的。“鲁定公问”章，颜回以御马比喻治理国家，御马“不穷其马力”，同样，治民“不穷其民力”，否则就会出现危险。文字又见《荀子·哀公》《吕氏春秋·离俗览·适威》《韩诗外传二》《新序·杂事五》。“孔子在卫”章，讲颜回善于观察生活。“颜回问成人”章，孔子回答成人能达理通变，知故睹原。成人之行就是践行仁义礼乐。两章文字又见《说苑·辨物》。

原文

鲁定公问于颜回曰：“子亦闻东野毕之善御乎①？”对曰：“善则善矣，虽然，其马将必佚②。”定公色不悦③，谓左右曰：“君子固有诬人也④。”

颜回退。后三日，牧来诉之曰：“东野毕之马佚，两骖曳两服入于厩⑤。”公闻之，越席而起，促驾召颜回。回至，公曰：“前日寡人问吾子以东野毕之御，而子曰‘善则善矣，其马将佚’，不识吾子奚以知之？”

颜回对曰：“以政知之。昔者帝舜巧于使民，造父巧于使马⑥。舜不穷其民力，造父不穷其马力，是以舜无佚民，造父无佚马。今东野毕之御也，升马执辔，衔体正矣；步骤驰骋，朝礼毕矣⑦；历险致远，马力尽矣，然而犹乃求马不已。臣以此知之。”

公曰：“善！诚若吾子之言也。吾子之言，其义大矣，愿少进乎?”颜回曰：“臣闻之，鸟穷则啄，兽穷则攫⑧，人穷则诈，马穷则佚。自古及今，未有穷其下而能无危者也。”

公悦，遂以告孔子。孔子对曰：“夫其所以为颜回者，此之类也，岂足多哉?”

注释

①东野毕：春秋时善于驾车的人，也作东野稷。

②佚：走失，失散。

③色不悦：脸色不高兴。

④诬：欺骗。《荀子·哀公》作“谗”，指背后说人坏话。

⑤骖（cān）：古代驾车时位于两旁的马。服：驾车时居中的马称服。厩：马棚。

⑥造父：西周时期一位善于驾车的人。

⑦朝礼毕矣：指马的步法已调理完毕。旧注：“‘朝，与‘调’古字通，《毛诗》言‘调饥’即‘朝饥’，此言马之驰骤皆调习也。”又注：“马步骤驰骋，尽礼之仪也。”

⑧攫（jué）：用爪子抓。

译文

鲁定公问颜回道：“你也听说过东野毕善于驾车的事吗?”颜回回答说：“他确实善于驾车，尽管如此，他的马必定会散失。”鲁定公听了脸色很不高兴，对身边的人说：“君子中竟然也有骗人的人。”

颜回退下。过了三天，养马的人来告诉说：“东野毕的马散失了，两匹骖马拖着两匹服马进了马棚。”鲁定公听了，越过席站起来，立刻让人驾车去接颜回。颜回来了，鲁定公说：“前天我问你东野毕驾车的事，而你说：‘他确实善于驾车，但他的马一定会走失。’我不明白您是怎样知道的?"

颜回说："我是根据政治情况知道的。从前舜帝善于役使百姓，造父善于驾御马。舜帝不用尽民力，造父不用尽马力，因此舜帝时代没有流民，造父没有走失的马。现在东野毕驾车，让马驾上车拉紧缰绳，上好马嚼子；时而慢跑，时而快跑，步法已经调理完成；经历险峻之地和长途奔跑，马的力气已经耗尽，然而还让马不停地奔跑。我因此知道马会走失。"

鲁定公说："说得好！的确如你说得那样。你的这些话，意义很大啊！希望能进一步讲一讲。"颜回说："我听说，鸟急了会啄人，兽急了会抓人，人走投无路则会诈骗，马筋疲力尽则会逃走。从古至今，没有使手下人陷入困穷而他自己没有危险的。"

鲁哀公听了很高兴，于是把此事告诉了孔子。孔子对他说："他所以是颜回，就因为常有这一类的表现，不足以过分地称赞啊!"

原文

孔子在卫①，昧旦晨兴②，颜回侍侧，闻哭者之声甚哀。子曰："回，汝知此何所哭乎?"

对曰："回以此哭声非但为死者而已，又有生离别者也。"子曰："何以知之?"

对曰："回闻桓山之鸟③，生四子焉，羽翼既成，将分于四海，其母悲鸣而送之，哀声有似于此，谓其往而不返也。回窃以音类知之。"

孔子使人问哭者，果曰："父死家贫，卖子以葬，与之长决④。"子曰："回也，善于识音矣!"

注释

①卫：卫国。

②昧旦：天未全明之时。兴：起床。

③桓山：在今江苏铜山。

④决：通"诀"，分别。

译文

孔子在卫国时，一天天还没亮就起床了，颜回在旁边侍候，这时听到有悲哀的哭声。孔子说："颜回，你知道这人是为什么哭吗？"

颜回说："我认为这哭声，不只是为了死者，还将有生离死别的事。"孔子说："你怎么知道的？"

颜回说："我听说桓山的鸟，生了四只小鸟，小鸟羽翼丰满以后，将要飞向四面八方，母鸟悲哀地鸣叫着送小鸟远行，悲哀的声音和这哭声相似，因为它们飞走再也不回来了。我是根据这种声音知道的。"

孔子让人去问哭的人，哭的人果然说："我的父亲死了，家里贫困，只好卖掉儿子来埋葬父亲，与儿子永远分别。"孔子说："颜回啊，真善于识别声音呀！"

原文

颜回问于孔子曰："成人之行若何？"

子曰："达于情性之理，通于物类之变，知幽明之故①，睹游气之原②，若此可谓成人矣。既能成人，而又加之以仁义礼乐，成人之行也。若乃穷神知礼③，德之盛也。④"

注释

①幽明：泛指有形和无形的物象，也指天地、阴阳、昼夜、善恶、人鬼等相对立的事物。

②游气：浮游于空中的云气。

③穷神知礼：深究事物的精微道理。"礼"，疑当作"化"。

④德之盛：高深的德行。

译文

颜回问孔子："成人的智力品行是什么样的呢？"

孔子说："他们能通晓人性人情的道理，知道事物变化的规律，知道天地、阴阳、有形无形等事物变化的缘故，可以看清空中云气变化的本源，这样就可以叫做成人了。既达到了成人的地步，而又学习了仁义礼乐，这就是成人的智力品行。至于能够探索事物精微的道理，那就是具有了高深的德行。”

子路初见第十九

这一篇也是由多章组成。“子路初见孔子”章，批评学习无益的观点，强调学习的重要性。文字又见《说苑·建本》。“子路将行”章，孔子教导子路要做到强、劳、忠、信、恭五点，基本是道德说教。文字又见《说苑·杂言》。“孔子兄子”章，讲孔蔑与宓子贱二人同仕，一说仕有三失，一说仕有三得，正好相反，孔子赞扬积极方面。文字又见《说苑·政理》。“子贡曰陈灵公”章，讲臣子劝谏要看对象，不要白白送命。其事又见于《春秋传》。“澹台子羽”章讲不能以貌和辞取人，而要看其行动。文又见《史记·仲尼弟子列传》《韩非子·显学》。

原文

子路初见孔子，子曰：“汝何好乐？”对曰：“好长剑。”孔子曰：“吾非此之问也，徒谓以子之所能，而加之以学问，岂可及哉？”子路曰：“学岂益哉也？”

孔子曰：“夫人君而无谏臣则失正，士而无教友则失听。御狂马不释策①，操弓不反檠②。木受绳则直，人受谏则圣。受学重问，孰不顺成？毁仁恶士，必近于刑。君子不可不学。”

子路曰：“南山有竹，不柔自直，斩而用之，达于犀革③。以此言之，何学之有？”孔子曰：“栝而羽之④，镞而砺之⑤，其人之不亦深乎？”子路再拜曰：“敬而受教。”

注释

①不释策：不放下马鞭子。旧注：“御狂马者不得释棰策也。”

②操弓不反檠（qing）：正在拉开的弓箭不能用檠来校正。檠，校正弓

的器具。弓不反于檠，然后可持也。

③达于犀革：射穿犀牛皮。

④栝（kuō）而羽之：给箭栝装上箭羽。栝，箭末扣弦的地方。羽，装上羽毛。

⑤镞而砺之：装上磨锋利的箭头。镞，箭头。砺，磨。

译文

子路初次拜见孔子，孔子说："你有什么爱好？"子路回答说："我喜欢长剑。"孔子说："我不是问你这个。我是说以你的能力，再加上努力学习，谁能赶得上你呢！"子路说："学习真的有用吗？"

孔子说："国君如果没有敢谏的臣子，就会失去正道，读书人没有敢指正问题的朋友，就听不到善意的批评。驾驭正在狂奔的马不能放下马鞭，已经拉开的弓不能用檠来匡正。木料用墨绳来矫正就能笔直，人接受劝谏就能成为圣人。接受知识，重视学问，谁能不顺利成功呢？诋毁仁义厌恶读书人，必定会触犯刑律。所以君子不可不学习。"

子路说："南山有竹子，不矫正自然就是直的，砍下来用作箭杆，可以射穿犀牛皮。以此说来，哪用学习呢？"孔子说："做好箭栝还要装上羽毛，做好箭头还要打磨锋利，这样射出的箭不是射得更深吗？"子路再次拜谢说："恭敬地接受您的教诲。"

原文

子路将行，辞于孔子。子曰："赠汝以车乎？赠汝以言乎？"子路曰："请以言。"

孔子曰："不强不达①，不劳无功，不忠无亲，不信无复②，不恭失礼。慎此五者而已。"

子路曰："由请终身奉之。敢问亲交取亲若何③？言寡可行若何④？长为善士而无犯若何？"

孔子曰："汝所问苞在五者中矣⑤。亲交取亲，其忠也；言寡可行，其信乎；长为善士而无犯，其礼也。"

注释

①不强不达：不努力坚持就达不到目的。旧注："人不以强力则不能自达。"

②不信无复：不讲信用别人就不会再相信。旧注："信近于义，言可复也。今而不信，则无可复。"

③亲交取亲：取得新结交朋友的信任。亲交，新接交的人。取亲，取得信任，成为亲近的朋友。

④言寡可行：话说得少但可行。

⑤苞：通"包"。

译文

子路将要出行，向孔子辞行。孔子说："我送给你车呢？还是送给你一些忠告呢？"子路说："请给我些忠告吧。"

孔子说："不持续努力就达不到目的，不劳动就没有收获，不忠诚就没有亲人，不讲信用别人就不再信任你，不恭敬就会失礼。谨慎地处理好这五个方面就可以了。"

子路说："我将终生记在心头。请问取得新结交的人的信任需要怎么做？说话少而事情又能行得通需要怎么做？一直都是善人而不受别人侵犯需要怎么做？"

孔子说："你所问的问题都包括在我讲的五个方面了。要取得新结识的人的信任，那就是诚实；说话少事情又行得通，那就是讲信用；一向为善而不受别人侵犯，那就是遵行礼仪。"

原文

孔子兄子有孔篾者[①]，与宓子贱偕仕[②]。孔子往过孔篾，而问之曰："自汝之仕，何得何亡？"

对曰："未有所得，而所亡者三：王事若龙[③]，学焉得习？是学不得明也。俸禄少，饘亲戚[④]，是以骨肉益疏也。公事多急，不得吊死问疾，是朋友之道阙也。其所亡者三，即谓此也。”

孔子不悦，往过子贱，问如孔篾。

对曰：“自来仕者无所亡，其有所得者三：始诵之，今得而行之，是学益明也。俸禄所供，被及亲戚，是骨肉益亲也。虽有公事，而兼以吊死问疾，是朋友笃也。”

孔子喟然谓子贱曰：“君子哉！若人。鲁无君子者，则子贱焉取此。”

注释

①孔蔑：孔子的侄子，名孔忠，字子蔑。

②宓子贱：即宓不齐，字子贱，孔子弟子。

③王事若龙：“龙”，《说苑·政理》作“袭”。此句意为：政事一件接一件。

④，饘：稠粥。粥：稀粥。此指微薄之物。

译文

孔子的哥哥有个儿子叫孔蔑，与宓子贱一起都是做官的。孔子去看他，问他说：“自从你当了官，得到了什么，失去了什么？”

孔蔑回答说：“没得到什么，而失去的东西有三件：政事一件接一件，学过的知识哪有时间温习，因此学到的知识也记不清楚了。朝廷给的俸禄太少，连给亲戚一些微薄的礼物都做不到，因此骨肉之间越来越疏远了。公事一般都很急迫，不能及时去哀悼死人慰问病人，这样就缺失了朋友之道。我说失去的三种东西就是这些。”

孔子听了很不高兴，又到宓子贱那里去，问了他同样的问题。

宓子贱回答说：“自从做官以来，没有失去什么，所得到的有三样：以前诵读的知识，现在能够依照实行，因此对所学的知识认识得更加清楚了。所得的俸禄，能用来帮助亲戚，因此骨肉之间更加亲密了。虽然有公事，还是能去吊唁死者慰问病人，因此和朋友的关系更亲密了。”

孔子听了感慨地叹息了一声，对宓子贱说：“君子啊！就是你这样的人。如果说鲁国没有君子的话，那么宓子贱是从哪里学来的呢？”

原文

子贡曰："陈灵公宣淫于朝①，泄治正谏而杀之②，是与比干谏而死同③，可谓仁乎？"

子曰："比干于纣，亲则诸父，官则少师④，忠报之心在于宗庙而已，固必以死争之。冀身死之后，纣将悔寤，其本志情在于仁者也。泄治之于灵公，位在大夫，无骨肉之亲，怀宠不去，仕于乱朝。以区区之一身，欲正一国之淫昏，死而无益，可谓捐矣⑤。《诗》云⑥：'民之多辟⑦，无自立辟⑧。'其泄治之谓乎？"

注释

①陈灵公：陈宣公曾孙，名平国。宣淫于朝：与大夫孔宁、仪行父一起在朝廷和夏姬淫乱。

②"泄治"句：陈国大夫泄治因劝谏陈灵公而被杀。

③比干：商纣王的叔父。谏而死：纣王淫乱，比干以死谏，被纣王剖腹取心而死。

④少师：官名。与少傅、少保合称三孤，以辅天子。

⑤捐：白白地丧命。

⑥诗：指《诗经·大雅·板》。

⑦民之多辟：民众有很多过失。辟，过失，邪僻行为。

⑧无自立辟：不要再枉自立法。辟，法令。

译文

子贡说："陈灵公在朝廷干淫乱的事，泄冶直言劝谏而遭到杀害，这和比干劝谏殷纣王而遭杀害是一样的，可以称之为仁吗？"

孔子说："比干对于殷纣王，从亲戚关系上说，是纣王的叔父，官位则是少师，报国的忠心，在于维护祖宗宗庙，必定会以死进谏。希望身死之后，纣王能够悔悟，他的思想情志都在仁上。泄冶对于陈灵公，官职是大夫，无骨肉之亲，受到宠爱而不愿离去，仍在乱朝做官。以他区区一身而想匡正一个国家淫乱的昏君，死了也对国家无益，可说是白白送了性命。《诗经》说：‘如今民间多邪僻，自己立法没有用。’大概说的就是泄冶这样的事吧！”

原文

澹台子羽有君子之容①，而行不胜其貌②。宰我③有文雅之辞，而智不充其辩。孔子曰：“里语云④：‘相马以舆⑤，相士以居⑥。’弗可废矣。以容取人，则失之子羽；以辞取人，则失之宰予。”

注释

①澹台子羽：即澹台灭明，孔子弟子。

②行：品行。

③宰我：宰予字子我，亦称宰我，春秋末鲁国人，孔子著名弟子，“孔门十哲”之一。能言善辩，被孔子许为“言语”科的高才生，排名在子贡前面。曾从孔子周游列国，游历期间常受孔子派遣，使于齐国、楚国。

④里语：即俚语，俗语。

⑤相马以舆：相马要看它拉车的情况。

⑥相士以居：看人要看他平常的表现。

译文

澹台子羽有君子那样的容貌，而他的品行却比不上他的容貌。宰我谈吐文雅，而他的智力却不如他的言辞。孔子说：“俗话说：‘看马的好坏要看它拉车的情况，看人的品德高下要看他平时的表现。’这个道理不能丢弃啊！以容貌来选择人才，在澹台子羽身上就会失误；以言辞来选择人才，在宰我身上就会出现失误。”

在厄第二十

孔子困厄陈、蔡的故事流传很广。在困境中，子路和子贡都对他的道有了微词，但颜回却认为“夫子之道至大”，“世不我用，有国者之丑”，“不容然后见君子”。给了孔子莫大安慰。同样，孔子也非常赏识和信任颜回，当子贡怀疑颜回偷吃米饭时，孔子坚信颜回不会这样做，并用巧妙的方法解除了别人的疑问。孔子智者的形象凸显出来。此事又见于《荀子·宥坐》《韩诗外传七》《说苑·杂言》《史记·孔子世家》。

原文

楚昭王聘孔子[①]，孔子往拜礼焉，路出于陈、蔡[②]。陈、蔡大夫相与谋曰：“孔子圣贤，其所刺讥，皆中诸侯之病。若用于楚，则陈、蔡危矣。”遂使徒兵距孔子[③]。

孔子不得行，绝粮七日，外无所通，藜羹不充[④]，从者皆病。孔子愈慷慨讲诵，弦歌不衰[⑤]。乃召子路而问焉，曰：“《诗》云[⑥]：‘匪兕匪虎[⑦]，率彼旷野[⑧]。夕吾道非乎，奚为至于此？”

子路愠，作色而对曰：“君子无所困。意者夫子未仁与[⑨]？人之弗吾信也；意者夫子未智与？人之弗吾行也。且由也，昔者闻诸夫子：‘为善者天报之以福，为不善者天报之以祸。’今夫子积德怀义，行之久矣，奚居之穷也？”

子曰：“由未之识也，吾语汝！汝以仁者为必信也，则伯夷、叔齐不饿死首阳；汝以智者为必用也，则王子比干不见剖心；汝以忠者为必报也，则关龙逢不见刑[⑩]；汝以谏者为必听也，则伍子胥不见杀[⑪]。夫遇不遇者，时也；贤不肖者，才也。君子博学深谋而不遇时者，众矣，何独丘哉？且芝兰生于深林，不以无人而不芳；君子修道立德，不谓穷困而改节。为之者，人也；生死者，命也。是以晋重耳之有霸心⑫，生于曹卫⑬；越王勾践之有霸心⑭，生于会稽⑮。故居下而无忧者，则思不远；处身而常逸者，则志不广，庸知其终始乎？”

子路出，召子贡，告如子路。子贡曰：“夫子之道至大，故天下莫能容夫子，夫子盍少贬焉？”子曰：“赐，良农能稼，不必能穑⑯；良工能巧，不能为顺；君子能修其道，纲而纪之⑰，不必其能容。今不修其道而求其容，赐，尔志不广矣，思不远矣。”

子贡出，颜回入，问亦如之。颜回曰：“夫子之道至大，天下莫能容。虽然，夫子推而行之。世不我用，有国者之丑也，夫子何病焉？不容，然后见君子。”

孔子欣然叹曰：“有是哉，颜氏之子！使尔多财，吾为尔宰⑱。”

注释

①楚昭王：楚平王之子，名壬，谥昭。

②陈、蔡：春秋时诸侯国名。

③徒兵：步兵。距：同“拒”，阻拦。

④藜羹：菜汤。此指粗劣的食物。

⑤弦歌：以琴瑟伴奏而歌。不衰：不停止。

⑥诗：指《诗经·小雅·何草不黄》。

⑦匪兕（sì）匪虎：不是犀牛不是老虎。兕，雌的犀牛。

⑧率彼旷野：来到旷野。率，沿着。旧注：“率，修也。言非兕虎而修旷野。”

⑨意者：想来。

⑩关龙逢不见刑：夏桀为长夜饮，关龙逢劝谏，被杀害。

⑪伍子胥：春秋时楚国人，名员。父兄均被楚平王杀害，他逃到吴国。与孙武共佐吴王阖闾伐楚，五战攻入郢都，掘楚平王墓，鞭尸三百。吴王夫差打败越国，越国勾践请和，夫差允诺。伍子胥劝谏不听，被迫自杀。见杀：被杀。

⑫重耳：春秋时晋献公次子，即春秋五霸的晋文公。

⑬生于曹卫：生：指困于曹卫而后生，即重新兴盛。旧注：“重耳，晋文公也。为公子时，出奔，困于曹卫。”

⑭越王勾践：春秋时越王，也作句践。他被吴王夫差打败后，困于会稽，屈膝求和。其后卧薪尝胆，发愤图强，经过十年，终于灭掉吴国。

⑮生于会稽：此指勾践称霸之心是在困于会稽时产生的。

⑯良农能稼，不必能穑：穑：收获。旧注：“种之为稼，敛之为穑。言良农能善种之，未必能敛获之也。”

⑰纲而纪之：抓住关键来治理。

⑱宰：旧注：“宰，主财者。为汝主财，意志同也。”

译文

楚昭王聘请孔子到楚国去，孔子去拜谢楚昭王，途中经过陈国和蔡国。陈国、蔡国的大夫一起谋划说：“孔子是位圣贤，他所讥讽批评的都切中诸侯的问题，如果被楚国聘用，那我们陈国、蔡国就危险了。”于是派兵阻拦孔子。

孔子不能前行，断粮七天，也无法和外边取得联系，连粗劣的食物也吃不上，跟随他的人都病倒了。这时孔子更加慷慨激昂地讲授学问，用琴瑟伴奏不停地唱歌。还找来子路问道：“《诗经》说：‘不是野牛不是虎，却都来到荒野上。’我的道难道有什么不对吗？为什么到了这个地步呢？”

子路一脸怨气，不高兴地回答说：“君子是不会被什么东西困扰的。想来老师的仁德还不够吧，人们还不信任我们；想来老师的智慧还不够吧，人们不愿推行我们的主张。而且我从前就听老师讲过：‘做善事的人上天会降福于他，做坏事的人上天会降祸于他。’如今老师您积累德行，心怀仁义，推行您的主张已经很长时间了，怎么处境会如此困穷呢？”

孔子说：“由啊，你还不懂得啊！我来告诉你。你以为仁德的人就一定被人相信？那么伯夷、叔齐就不会被饿死在首阳山上；你以为有智慧的人一定会被任用？那么王子比干就不会被剖心；你以为忠心的人必定会有好报？那么关龙逢就不会被杀；你以为忠言劝谏一定会被采纳？那么伍子胥就不会被迫自杀。遇不遇到贤明的君主，是时运的事；贤还是不贤，是才能的事。君子学识渊博深谋远虑而时运不济的人多了，怎么能只是我呢！况且芝兰生长在深林之中，不因为无人欣赏而不芳香；君子修养身心培养道德，不因为穷困而改变节操。如何做在于自身，是生是死在于命。因而晋国重耳的称霸之心，产生于曹卫；越王勾践的称霸之心，产生于会稽。所以说居于下位而无所忧虑的人，是思虑不远；安身处世总想安逸的人，是志向不大。怎能知道他的终始呢？”

子路出去了，孔子叫来子贡，又问了同样的问题。子贡说：“老师您的道实在博大，因此天下容不下您，您何不把您的道降低一些呢？”孔子说：“赐啊，好的农夫会种庄稼，不一定会收获；好的工匠能做精巧的东西，不一定能顺遂每个人的意愿；君子能培养他的道德学问，创立政治主张，别人不一定能采纳。现在不修养自己的道德学问而要求别人能采纳，赐啊，这说明你的志向不远大，思想不深远啊。”

子贡出去以后，颜回进来了，孔子又问了他同样的问题。颜回说：“老师的道太广大了，天下也容不下。虽然如此，您还是竭力推行。世人不用，那是当权者的耻辱，您何必为此忧虑呢？不被采纳才看出您是君子。”

孔子听了高兴地感叹说：“你说得真对呀，颜家的儿子！假如你有很多钱，我就来给你当管家。”

原文

孔子厄[①]于陈蔡[②]，从者七日不食。子贡以所赍货[③]，窃犯围而出[④]，告籴于野人[⑤]，得米一石焉。颜回、仲由炊之于壤屋之下，有埃墨堕饭中[⑥]，颜回取而食之。子贡自井望见之，不悦，以为窃食也。

入问孔子曰：“仁人廉士，穷改节乎？”孔子曰：“改节即何称于仁义哉？”子贡曰：“若回也，其不改节乎？”子曰：“然。”子贡以所饭告孔子。子曰：“吾信回之为仁久矣，虽汝有云，弗以疑也，其或者必有故乎？汝止，吾将问之。”

召颜回曰：“畴昔予梦见先人，岂或启佑我哉？子炊而进饭，吾将进焉。”对曰：“向有埃墨堕饭中，欲置之，则不洁；欲弃之，则可惜。回即食之，不可祭也。”孔子曰：“然乎，吾亦食之。”

颜回出，孔子顾谓二三子曰：“吾之信回也，非待今曰也。”二三子由此乃服之。

注释

①厄：受困。

②陈蔡：陈、蔡之地。

③赍（jī）：携带。

④窃：私下，偷偷地。犯围：冲出包围。

⑤籴（dí）：买米。野人：乡野之人，农民。

⑥埃墨：烟熏的黑尘。

译文

孔子受困于陈、蔡之地，跟随的人七天吃不上饭。子贡拿着携带的货物，偷偷跑出包围，请求村民让他换些米，得到一石米。颜回、仲由在一间土屋下煮饭，有块熏黑的灰土掉到饭中，颜回把弄脏的饭取出来吃了。子贡在井边望见了，很不高兴，以为颜回在偷吃。

他进屋问孔子：“仁人廉士在穷困时，也会改变节操吗?”孔子说：“改变节操还称得上仁人廉士吗?”子贡问：“像颜回这样的人，他不会改变节操吧?”孔子说：“是的。”子贡把颜回吃饭的事告诉了孔子。孔子说：“我相信颜回是仁德之人已经很久了，虽然你这样说，我还是不怀疑他，那样做或者一定有原因吧。你待在这里，我来问问他。”

孔子把颜回叫进来说：“前几天我梦见了祖先，这难道是祖先在启发我们保佑我们吗？你做好饭赶快端上来，我要进献给祖先。”颜回说：“刚才有灰尘掉入饭中，如果留在饭中则不干净；假如扔掉，又很可惜。我就把它吃了，这饭不能用来祭祖了。”孔子说：“这样的话，我也会吃掉。”

颜回出去后，孔子看着弟子们说：“我相信颜回，不是等到今天啊!”弟子们由此叹服颜回。

入官第二十一

孔子在回答子张问如何做官的问题时，不仅详细叙述为官要注意的诸多方面，如以身作则、选贤任能、重民爱民、取信于民等，而且表达了及其精辟的思想。他说："六马之乖离，必于四达之交衢；万民之叛道，必于君上之失政。上者尊严而危，民者卑贱而神。爱之则存，恶之则亡。长民者必明此之要。"在两千多年前就有如此深刻的认识，真让人惊叹。此则又见于《大戴礼记·子张问入官》。

原文

子张问入官于孔子[①]。孔子曰："安身取誉为难。"子张曰："为之如何?"

孔子曰："己有善勿专，教不能勿怠，已过勿发[②]，失言勿掎，不善勿遂[③]，行事勿留。君子入官，有此六者，则身安誉至而政从矣。

"且夫忿数者，官狱所由生也；拒谏者，虑之所以塞也；慢易者[④]，礼之所以失也；怠惰者，时之所以后也；奢侈者，财之所以不足也；专独者，事之所以不成也。君子人官，除此六者，则身安誉至而政从矣。

"故君子南面临官，大域之中而公治之，精智而略行之，合是忠信，考是大伦[⑤]，存是美恶，进是利而除是害，无求其报焉，而民之情可得也。夫临之无抗民之恶，胜之无犯民之言，量之无佼民之辞，养之无扰于其时，爱之无宽于刑法。若此，则身安誉至而民得也。

"君子以临官，所见则迩[⑥]，故明不可蔽也。所求于迩，故不劳而得也。所以治者约，故不用众而誉立。凡法象在内，故法不远而源泉不竭，是以天下积而本不寡。短长得其量，人志治而不乱政。德贯乎心，藏乎志，形乎色，发乎声，若此而身安誉至民咸自治矣。

“是故临官不治则乱，乱生则争之者至。争之至，又于乱。明君必宽裕以容其民，慈爱优柔之[7]，而民自得矣。行者，政之始也；说者，情之导也。善政行易而民不怨，言调说和则民不变。法在身则民象之[8]，明在己则民显之。若乃供己而不节，则财利之生者微矣；贪以不得，则善政必简矣。苟以乱之，则善言必不听也；详以纳之，则规谏日至。言之善者，在所日闻；行之善者，在所能为。故君上者，民之仪也；有司执政者，民之表也；迩臣便僻者[9]，群仆之伦也。故仪不正则民失，表不端则百姓乱，迩臣便僻，则群臣污矣。是以人主不可不敬乎三伦。

“君子修身反道，察理言而服之，则身安誉至，终始在焉。故夫女子必自择丝麻，良工必自择貌材[10]，贤君必自择左右。劳于取人，佚于治事。君子欲誉，则必谨其左右。为上者，譬如缘木焉，务高而畏下滋甚。六马之乖离[11]，必于四达之交衢[12]；万民之叛道，必于君上之失政。上者尊严而危，民者卑贱而神。爱之则存，恶之则亡。长民者必明此之要。故南面临官，贵而不骄，富而能供，有本而能图末，修事而能建业，久居而不滞，情近而畅乎远，察一物而贯乎多。治一物而万物不能乱者，以身为本者也。

“君子莅民，不可以不知民之性而达诸民之情。既知其性，又习其情，然后民乃从命矣。故世举则民亲之，政均则民无怨。故君子莅民，不临以高，不导以远，不责民之所不为，不强民之所不能。廓之以明王之功，不因其情，则民严而不迎。笃之以累年之业[13]，不因其力，则民引而不从。若责民所不为，强民所不能，则民疾，疾则僻矣。古者圣主冕而前旒[14]，所以蔽明也；纩统充耳，所以掩聪也。水至清则无鱼，人至察则无徒。枉而直之[15]，使自得之；优而柔之，使自求之；揆而度之[16]，使自索之。民有小罪，必求其善以赦其过；民有大罪，必原其故以仁辅化。如有死罪，其使之生，则善也。是以上下亲而不离，道化流而不蕴。故德者，政之始也。

政不和，则民不从其教矣。不从教，则民不习。不习，则不可得而使也。君子欲言之见信也，莫善乎先虚其内；欲政之速行也，莫善乎以身先之；欲民之速服也，莫善乎以道御之。不以道御之，故虽服必强。自非忠信，则无可以取亲于百姓者矣。内外不相应，则无已取信于庶民者矣。此治民之至道矣，入官之大统矣⑰。”

子张既闻孔子斯言，遂退而记之。

注释

①入官：入仕，做官。

②已过勿发：发：再次发生。

③遂：行，继续做下去。旧注：“已有不善，不可遂行。”

④慢易：轻慢，不庄重。

⑤大伦：伦常大道。指人与人之间关系的根本准则。

⑥迩：近。旧注：“所见迩，谓察于微也。”

⑦优柔：宽舒，从容。

⑧法在身则民象之：自身用法度来约束，百姓就会效法而遵守法纪。旧注：“言法度常在身，则民法之。”

⑨迩臣：近臣，身边的大臣。便僻：当作“便辟”，逢迎谄媚的人。此指君王身边受宠幸的臣子。旧注：“僻，宜为‘辟’。便辟，执事在君之左右者。伦，纪也，为众之纪。”

⑩貌材：良好的材料。

⑪乖离：离散，不合。

⑫交衢：四通八达的交通要道。

⑬笃：深厚，厚实。

⑭旒：古时帝王王冠上前后悬垂的玉饰。

⑮枉而直之：使弯曲的东西变直。

⑯揆而度之，使自索之：遇事要估量揣度，让自己思索得出结论。旧注：“揆度其法以开示之，使自索得之也。”

⑰大统：最重要的纲领、原则。

译文

子张向孔子询问做官的事。孔子说：“做到官位稳固又能有好的名声很难。”子张说：“那么应该怎么办呢?”

孔子说：“自己有长处不要独自拥有，教别人学习不要懈怠，已经出现的过错不要再次发生，说错了的话不要为之辩护，不好的事不要继续做下去，正在做的事不要拖延。君子做官能做到这六点，就可以使地位稳固声誉好，从而政事也会顺利。

“况且，怨恨多了，牢狱之灾就会发生；拒绝劝谏，思虑就会受到阻塞；行为不庄重不谨慎，就会失礼；做事松懈懒惰，就会丧失时机；办事奢侈，财物就不充足；专断独权，事情就办不成。君子做官，去掉这六种毛病，就可以使地位稳固声誉好，从而政事也会顺利。

“因此君子一旦做了官，治理广大的区域，就要以公心来治理，精心地思考而简要地推行，再加上以上所讲的六点忠信品德，考虑哪些是伦理道德的最高准则，把好事和坏事合并考察，推广有利的，除去有害的，不追求别人的报答，这样就可以得到民情了。治理民众没有逆天虐民的恶行，自己有理也不说冒犯民众的话，处理政事没有欺骗百姓的狡诈之辞，为了百姓安居乐业劳役不要违背农时，爱护百姓不能比刑法更宽。如果能做到这样，就可以使地位稳固声誉好，从而政事也会顺利。

“君子做官，身边的事看得清楚，就会心明眼亮不受蒙蔽。先从近处寻找自己需要的东西，这样不用费很大力气就可以得到。治理国家抓住了主要问题，不用兴师动众就可以获得好名声。凡内心存在准则、榜样，那么准则、榜样离自己不远，就如同源泉不会枯竭一样，因此天下人才汇聚而不会缺乏。根据才能的不同都得到任用，人才各得其用，政治就不会混乱。良好的德行贯穿于内心，藏在心志之中，显露在表情上，发表于言谈上，这样，官位就会稳固，好名声随之而至，民众自然就会得到治理。

“由此看来，身居官位，不善于治理，就会发生混乱，混乱发生，竞争的人就会出现。竞争的局面发生，政治会更加混乱。英明的君主，必须宽容地对待百姓，用慈爱之心去安抚他们，自然就会得到百姓的拥护。身体力行，是执好政的前提；让百姓高兴，他们的情绪就可以得到疏导。良好的政治措施易于执行而民众也不会有怨言，言论说法符合民心，民众就不会有二心。自己以身作则，遵守法律，民众就会以你为榜样；自己正大光明，民众则会颂扬你。如果自己贪图享受而不节俭，那么生产财富的人就不努力生产了。贪图财物又胡乱花费，那么好的政治措施也简约不用了。假如政治出现了混乱，那么好的意见必然听不进去；如果仔细审慎地采纳别人的建议，那么天天都会有人进谏。能说出美好的语言，在于每天能听取别人的意见；能有美好的行为，在于能亲身去做。所以说统治民众的君王，是民众的榜样；各级政府的官员，是民众的表率；君王身边的侍御大臣，是臣仆们的样板。所以说榜样不正，百姓就失去了方向；表率不正，百姓就会混乱；侍御大臣不正，群臣就会变坏。因此治国的君主不可不谨慎地遵守各种伦理道德。

“君子遵循道来修身，仔细辨别哪些是正确的道理并依此来行事，地位就可巩固，名望也随之而至，终生受用无穷。所以女子织布一定要亲自挑选丝麻，优秀的工匠一定要亲自挑选材料，贤明的君主一定要亲自挑选身边的大臣。选拔人才辛苦一些，治理政事时就轻松一些。君子要想得到美誉，也要谨慎选择交往的人。在上位的人，就好像爬树一样，爬得越高越害怕掉下来。拉车的六匹马分散乱跑，一定是在四通八达的交叉路口。百姓造反，必定是因为君王政治措施的错误。在上者虽然尊严却是有危险的，民众虽然卑贱却是有神力的。民众热爱你，你就能存在；民众厌恶你，你就要灭亡。治理民众的人必须要明了这个道理的重要。因此在上为官，地位虽然高贵也不要骄横，富有了也要谨慎恭敬，有了根本还要考虑细枝末节，做好了事还要建功立业，有了长时间的安定局面仍然要不停地努力，近处的感情沟通了还要畅达到远方，观察一件事物要能联想多种事物。治理一件事而万事都能不乱，是因为能够以身作则的缘故。

“君子统治民众，不可不了解民众的性情，进而了解民众的心理。既已知道了民性，而又熟悉了民情，然后民众才能服从你的管理。因此国家安定民众就会爱戴国君，政策公平合理，民众就没有怨言。所以君子治国，不能只是高高在上，不能做远不可及的事，不责备民众做不愿做的事，不强求民众去做做不到的事。为了扩大贤明君王那样的功业，不顾民情，那么民众表面恭敬实际却不愿迎合。为了增加已有的业绩，不顾民力，那么民众就会逃避而不服从。如果强迫民众做他们不愿做的事，强迫他们做不能完成的事，民众就会痛恨，痛恨就会做出一些不当的事。古代的圣明君主戴着前面悬垂着玉的帽子，是用来遮蔽亮光的；垂于冠冕两边悬填的带子挡住耳朵，是用来遮蔽听觉的。水太清就没有鱼了，人太明察就没有追随者了。百姓做错了事需要改正，要使百姓自己有所认识；宽厚柔和地对待百姓，让他们自己去发现错误；度量百姓的情况来教育他们，让他们自己明白对错。百姓犯了小罪，一定要找出他们的长处，赦免他们的过错；百姓犯了大罪，一定要找出犯罪的原因，用仁爱的思想教育他们，使他们改过从善；如果犯了死罪，惩治后使他们得到新生，那就更好了。这样君臣百姓上下亲和而不离心离德，治理国家的措施就能够推行而不阻塞。所以说执政者的道德，是政治好坏的前提。

“政令不切合实际，民众就不会服从教导。不服从教导，民众就不习惯遵守法令法规。不习惯遵守法令法规，就不能很好地役使和统治他们了。君子要想使自己的话被别人相信，最好的办法是清除内心固有成见；要想政治措施迅速推行，最好的办法是身体力行；要想使民众迅速服从，最好的办法是以正确之道来治理国家。不以正确之道治理，民众即使服从也是勉强的。不依靠忠信，就不可能取得百姓的亲近和信任。朝廷和民众不能相互了解沟通，就不能取信于平民百姓。这是治理民众的最重要的原则，也是入仕做官的人最重要的纲领。”

子张听了孔子这番话，就回去记录下来。

困誓第二十二

此篇都是讲遇到困境如何对待。“子贡问于孔子”章，孔子引诗说明事君、事亲、处家、交友、耕田都是很难的事，人只有死后才能得到休息。此篇文字又见于《列子·天瑞》《荀子·大略》《韩诗外传八》。“孔子自卫入晋”章，孔子谴责赵简子杀害贤人。文又见《史记·孔子世家》、《说苑·权谋》《孔从子·记问》《三国志·魏志·刘虞传注》。“子路问于孔子”章，孔子讲不怕贤名不彰，“行修而名自立”，交贤而名自彰。文字又见《荀子·子道》《韩诗外传九》。“孔子遭厄”章，孔子讲了“君不困不成王，烈士不困行不彰”的道理，激励弟子说：“庸知其非激愤厉志之始于是在乎?”此文又见《说苑·杂言》。“孔子适郑”讲孔子与弟子散失后，被人视为“丧家之犬”时的乐观态度。文又见《韩诗外传九》《史记·孔子世家》。

原文

子贡问于孔子曰：“赐倦于学，困于道矣，愿息而事君，可乎?”孔子曰：“《诗》云①：‘温恭朝夕②，执事有恪③。’事君之难也，焉可息哉!”

曰：“然则赐愿息而事亲。”孔子曰：“《诗》云④：‘孝子不匮⑤，永锡尔类⑥。’事亲之难也，焉可以息哉!”

曰：“然则赐请息于妻子。”孔子曰：“《诗》云⑦：‘刑于寡妻⑧，至于兄弟，以御于家邦⑨。’妻子之难也，焉可以息哉!”

曰：“然则赐愿息于朋友。”孔子曰：“《诗》云⑩：‘朋友攸摄⑪，摄以威仪⑫。’朋友之难也，焉可以息哉!”

曰：“然则赐愿息于耕矣。”孔子曰：“《诗》云⑬：‘昼尔于茅⑭，宵尔索绹⑯，亟其乘屋⑰，其始播百谷。’耕之难也，焉可以息哉!”

曰："然则赐将无所息者也？"孔子曰："有焉。自望其广⑰，则睪如也⑱；视其高，则填如也⑲；察其从，则隔如也⑳。此其所以息也矣。"

子贡曰："大哉乎死也！君子息焉，小人休焉。大哉乎死也！"

注释

①诗：此指《诗经·商颂·那》。

②温恭朝夕：成天都要温和恭敬。

③执事有恪：行事要恭敬谨慎。

④诗：此指《诗经·大雅·既醉》。

⑤孝子不匮：孝子的孝心永不竭。

⑥永锡尔类：孝的法则永远传递。旧注："匮，竭也。类，善也。孝子之道不匮竭者，能以类相传，长锡尔以善道也。"

⑦诗：此指《诗经·大雅·思齐》。

⑧刑于寡妻：给妻子做出典范。刑：典范。寡妻：指嫡妻。旧注："刑，法也。寡，适（嫡）也。御，正也。文王以正法接其寡妻，至于同姓兄弟，以正治天下之国家者矣。"

⑨以御于家邦：以此来治理国家。御，治理。家邦，国家。

⑩诗：此指《诗经·大雅·既醉》。

⑪朋友攸摄：朋友要互相帮助。攸，语助词。摄，佐助。

⑫摄以威仪：使礼仪合度。

⑬诗：此指《诗经·豳风·七月》。

⑭昼尔于茅：白天去割茅草。尔，语助词。于，取，引申为割。

⑮宵尔索绹：晚上搓绳。

⑯亟其乘屋：急急忙忙盖屋顶。亟，急切。乘，覆盖。

⑰广：通"圹"，坟墓。

⑱睪（zhào）如：高高的样子。如，形容词词尾，表示"……的样子"。

⑲填：填塞充实。旧注："填，塞实貌也。冢虽高而塞实也。"

⑳隔：隔开。旧注："言其隔而不得复相从也。"

译文

子贡向孔子问道：“我对学习已经厌倦了，对于道又感到困惑不解，想去侍奉君主以得到休息，可以吗？”孔子说：“《诗经》里说：‘侍奉君王从早到晚都要温文恭敬，做事要恭谨小心。’侍奉君主是很难的事情，怎么可以休息呢？”

子贡说：“那么我希望去侍奉父母以得到休息。”孔子说：“《诗经》里讲：‘孝子的孝心永不竭，孝的法则要永远传递。’侍奉父母也是很难的事，怎么可以休息呢？”

子贡说：“我希望在妻子儿女那里得到休息。”孔子说：“《诗经》里说：‘要给妻子作出典范，进而至于兄弟，推而治理宗族国家。’与妻子儿女相处也是很难的事，哪能够得到休息呢？”

子贡说：“我希望在朋友那里得到休息。”孔子说：“《诗经》里说：‘朋友之间互相帮助，使彼此举止符合威仪。’和朋友相处也是很难的，哪能够得到休息呢？”

子贡说：“我希望去种庄稼得到休息。”孔子说：“《诗经》里说：‘白天割茅草，晚上把绳搓，赶快修屋子，又要开始去播谷。’种庄稼也是很难的事，怎么能得到休息呢？”

子贡说：“那么我就没有可以休息的地方了吗？”孔子说：“有的。你从这里看那个坟墓，样子高高的；看它高高的样子，又填得实实的；从侧面看，又是一个个隔开的。这就是休息的地方了。”

子贡说：“死的事是这样重大啊，君子在这里休息，小人也在这里休息。死的事是这样重大啊！”

原文

孔子自卫将入晋，至河[①]，闻赵简子杀窦犨鸣犊及舜华[②]，乃临河而叹曰：“美哉水，洋洋乎！丘之不济，此命也夫！”

子贡趋而进曰：“敢问何谓也？”

孔子曰：“窦犨鸣犊、舜华，晋之贤大夫也。赵简子未得志之时，须此二人而后从政。及其已得志也，而杀之。丘闻之刳胎杀夭[3]，则麒麟不至其郊；竭泽而渔，则蛟龙不处其渊；覆巢破卵[4]，则凰凰不翔其邑。何则？君子违伤其类者也。鸟兽之于不义，尚知避之，况于人乎？”

遂还，息于邹[5]，作《槃操》以哀之[6]。

注释

①至河：到了黄河。

②窦犨（chōu）鸣犊：窦犨：字鸣犊，晋国贤大夫。舜华：晋大夫，亦有贤名。二人均被赵简子所杀。赵简子，即赵鞅，晋定公时为卿，卒谥“简”。

③刳（kū）胎杀夭：剖腹取胎。刳，剖开。夭，正在成长的幼小生命。

④覆巢破卵：弄翻鸟巢打破卵。

⑤邹：地名。《史记·孔子世家》作“陬”。在今山东曲阜东南。

⑥槃（pán）操：琴曲名。

译文

孔子将要从卫国进入晋国，来到黄河边，听到晋国的赵简子杀了窦犨鸣犊和舜华的消息，就面对黄河叹息着说：“黄河的水如此的美啊，浩浩荡荡地流淌！我不能渡过这条河，是命中注定的吧！”

子贡快步走过来问道：“请问老师您刚才说的这句话是什么意思啊？”

孔子说：“窦犨鸣犊、舜华都是晋国的贤大夫啊，赵简子未得志的时候，依仗他们二人才得以从政。到他得志以后，却把他们杀了。我听说，如果对牲畜有剖腹取胎的残忍行为，那么麒麟就不会来到这个国家的郊外；如果有竭泽而渔的行为，蛟龙就不会在这个国家的水中居住；捅破了鸟巢，打破了鸟卵，凤凰就不会在这个国家的上空飞翔。这是什么道理呢？这是因为君子也害怕受到同样的伤害啊！鸟兽对于不仁义的事，尚且知道躲避，何况是人呢？”

于是返了回来，回到邹地休息，作了《槃操》一曲来哀悼他们。

原文

子路问于孔子曰：“有人于此，夙兴夜寐[①]，耕芸树艺[②]，手足胼胝[③]，以养其亲[④]。然而名不称孝，何也?”

孔子曰：“意者身不敬与？辞不顺与？色不悦与？古之人有言曰：‘人与己与不汝欺[⑤]。夕今尽力养亲，而无三者之阙[⑥]，何谓无孝之名乎?”

孔子曰：“由，汝志之，吾语汝：虽有国士之力，而不能自举其身，非力之少，势不可矣。夫内行不修，身之罪也；行修而名不彰，友之罪也。行修而名自立。故君子入则笃行，出则交贤，何谓无孝名乎?”

注释

①夙兴夜寐：早起晚睡。

②耕芸树艺：耕地锄草种庄稼。

③手足胼胝（pián zhī）：手脚长茧。

④其亲：他的父母双亲。

⑤不汝欺：不欺骗你。

⑥阙：缺点。

译文

子路问孔子说：“这里有一个人，早起晚睡，耕种庄稼，手掌和脚底都磨出了茧子，以此来养活父母。然而却没有得到孝子的名声，这是为什么呢?”

孔子说：“想来自身有不敬的行为吧？说话的言辞不够恭顺吧？脸色不温和吧？古人有句话说：‘别人的心与你自己的心是一样的，是不会欺骗你的。’现在这个人尽力养活父母双亲，如果没有上面讲的三种过错，怎么能没有孝子的名声呢?”

孔子又说：“仲由啊，你记住，我告诉你：一个人即使有全国著名勇士那么大的力量，也不能把自己举起来，这不是力量不够，而是情势上做不到。一个人不很好地修养自身的道德，这是他自己的错误；自身道德修养好了而名声没有彰显，这就是朋友的过错。品行修养好了，自然会有名声。所以君子在家行为要淳厚朴实，出外要结交贤能的人。这样怎么会没有孝子的名声呢？”

原文

孔子遭厄于陈、蔡之间，绝粮七日，弟子馁病，孔子弦歌。子路入见曰：“夫子之歌，礼乎？”孔子弗应。曲终而曰：“由，来！吾语汝：君子好乐，为无骄也；小人好乐，为无慑也①。其谁之子不我知而从我者乎？”子路不悦，援戚而舞②，三终而出。

明日，免于厄。子贡执辔曰：“二三子从夫子而遭此难也，其弗忘矣！”孔子曰：“善恶何也？夫陈蔡之间，丘之幸也。二三子从丘者，皆幸也。吾闻之，君不困不成王，烈士不困行不彰。庸知其非激愤厉志之始于是乎在？”

注释

①无慑：不畏惧。

②援：执，持。戚：兵器名，形似大斧。

译文

孔子被困在陈国和蔡国之间，断粮七天，弟子也因饥饿而病倒了，但孔子仍在弹琴吟诵歌唱。子路进去见孔子说：“老师这时还在歌唱，这符合礼吗？”孔子没有回答。一曲终了才说：“仲由，来！我告诉你：君子爱好音乐，是为了不骄傲放纵；小人爱好音乐，是为了消除畏惧。这是谁家的儿子不了解我而跟随我呢？”子路听了很不高兴，拿起兵器舞将起来，三曲结束才出去。

第二天，危难过去了。子贡拉着马缰绳说：“我们跟随老师遭受了此次危难，大概永远不会忘记了。”孔子说：“好事与坏事如何区分呢？我们在陈、蔡之间遭受的危难，是我的幸运。你们跟随着我，你们也都是幸运的。我听说，君王不遭受困厄就不能成就王业，仁人志士不遭受困厄行为就不会彰显。怎知奋发励志的开始不在于这次危难呢？”

原文

孔子曰：“不观高崖，何以知颠坠[1]之患[2]；不临[3]深泉，何以知没溺之患；不观巨海，何以知风波之患。失之者其不在此乎？士慎此三者，则无累于身矣。”

注释

①颠坠：从悬崖顶上坠落。

②患：灾难。

③临：靠近。深泉：深渊。

译文

孔子说：“不观看高高的悬崖，怎能知道从悬崖顶上坠落的灾难；不临近深渊，怎能知道沉溺水中的灾难；不观看浩瀚的大海，怎知道狂风巨浪的灾难。失去生命者不就在于这些方面的不慎吗？士人能慎重地对待这三者，身体就不会遭受这方面的灾祸了。”

原文

孔子适郑，与弟子相失[1]，独立东郭门外。或人谓子贡曰[2]：“东门外有一人焉，其长九尺有六寸，河目隆颡[3]，其头似尧，其颈似皋繇，其肩似子产，然自腰已下，不及禹者三寸，累然如丧家之狗[4]。”子贡以告，孔子欣然而叹曰：“形状未也，如丧家之狗，然乎哉！然乎哉！”

注释

①相失：相互失散。

②或人：有人。

③河目：眼眶上下平而长的眼睛。隆颡：高额头。旧注：“河目，上下匡平而长。颡，颊也。”

④累然如丧家之狗：旧注："丧家狗，主人哀荒，不见饭食，故累然不得意。孔子生于乱世，道不得行，故累然是不得意之貌也。"

译文

孔子到郑国去，与弟子相互失散了，独自一人站在东城门外。有人对子贡说："东门外有一个人，身高有九尺六寸，眼睛平正而长，额头突出，他的头好像尧，脖子像皋陶，肩膀像子产，但是从腰以下比禹短了三寸，狼狈不堪如一条丧家狗。"子贡把此话如实告诉了孔子，孔子欣然自得地感叹说："形貌未必像他说的那样，但说如丧家之狗，那倒是真像啊！那倒是真像啊！"

五帝德第二十三

孔子一直称颂古代先王的政治，推崇治国者要有高尚的道德修养。此篇孔子用尽美好的词语，赞颂黄帝、颛顼、帝喾、尧、舜、禹的美德、美政。看出孔子对美好政治的无比向往和追求。本篇内容又见《大戴礼记·五帝德》。

原文

宰我问于孔子曰："昔者吾闻诸荣伊曰'黄帝三百年'①。请问黄帝者，人也？抑非人也？何以能至三百年乎？"

孔子曰："禹汤文武周公②，不可胜以观也。而上世黄帝之问，将谓先生难言之故乎③！"

宰我曰："上世之传，隐微之说④，卒采之辩⑤，暗忽之意⑥，非君子之道者，则予之问也固矣⑦。"

孔子曰："可也，吾略闻其说。黄帝者，少昊之子，曰轩辕。生而神灵，弱而能言。幼齐叡庄，敦敏诚信。长聪明，治五气⑧，设五量⑨，抚万民，度四方。服牛乘马，扰驯猛兽。以与炎帝战于阪泉之野⑩，三战而后克之。始垂衣裳⑪，作为黼黻⑫。治民以顺天地之纪，知幽明之故，达生死存亡之说。播时百谷，尝味草木，仁厚及于鸟兽昆虫。考日月星辰，劳耳目，勤心力，用水火财物以生民。民赖其利，百年而死；民畏其神，百年而亡；民用其教，百年而移。故曰黄帝三百年。"

注释

①荣伊：人名。

②禹汤文武周公：大禹、商汤、周文王、周武王、周公旦。

③难言之故乎：旧注："言禹汤以下不可胜观，乃问上世黄帝，将为

先生长老难言之，故问。”

④隐微之说：隐约微妙的说法。

⑤卒采之辩：对事情最终结论的辩说。旧注：“采，事也。辩，说也。卒，终也。其事之说也。”

⑥暗忽之意：暗忽而久远不明的说法。

⑦固：旧注：“固陋不得其问。”意为宰我说自己知识浅薄，问题提得不得要领。

⑧五气：指五行之气。

⑨五量：度量衡名。《汉书·律历志上》：“量者，龠、合、升、斗、斛也，所以量多少也。”旧注：“五量：权衡，升斛，尺丈，里步，十百。”

⑩炎帝：旧注：“神农氏之后也。”阪泉：古地名。其地所在有三说，一说在山西阳曲县东北，一说在河北涿鹿县东南，一说在山西运城县南。

⑪垂衣裳：原意是说穿着长大的衣服，形容无所事事的样子。后来专指帝王无为而治。

⑫黼黻（fǔ fú）：古代礼服上所绣的花纹。旧注：“白与黑谓之黼，若斧文。黑与青谓之黻，若两已相戾。”

译文

宰我问孔子：“从前我听荣伊说‘黄帝统治三百年’，请问黄帝是人呢？还是不是人呢？为什么能统治三百年呢？”

孔子说：“大禹、商汤、周文王、周武王、周公旦的事都已经说不完，道不尽，而问上古黄帝的事，恐怕这是先生前辈也难以说清的吧！”

宰我说：“上古的传言，隐晦的说法，对过去事情的辩说，久远含混不明的定义，君子是不说的，那么我的问题就显得固陋不合时宜了。”

孔子说：“我可以说说，我也略微听到一些说法。黄帝是少昊的儿子，名叫轩辕。他一出生时就很神灵，很小就能说话。幼年时敏捷睿智端庄，敦厚诚信。长大后很聪明，能治理五行之气，设置了五种量器，抚治万民，安定四方。驾牛乘马，驯服猛兽。和炎帝在阪泉的野外交战，三战就打败了炎帝。这时天下太平，无为而治，制作了有花纹的礼服。他遵循天地的规律治理民众，明白幽明阴阳的道理，通晓生死存亡的规律。按时播种百谷，亲尝各种草木药材，仁德施及鸟兽昆虫。他观察日月星辰，耳目疲劳，心力费尽，用水火财物养育百姓。民众依赖他的恩惠，足足有一百年；他死了以后，民众敬服他的神灵，也足有一百年；此后，民众遵循他的教令，也足有一百年。所以说黄帝统治了三百年。"

原文

宰我曰："请问帝颛顼①？"孔子曰："五帝用说②，三王有度③。汝欲一日遍闻远古之说，躁哉予也！"宰我曰："昔予也闻诸夫子曰'小子毋或宿'④，故敢问。"

孔子曰："颛顼，黄帝之孙，昌意之子⑤，曰高阳。静渊而有谋，疏通以知远，养财以任地，履时以象天。依鬼神而制义，治气性以教众，洁诚以祭祀，巡四海以宁民。北至幽陵⑥，南暨交趾⑦，西抵流沙⑧，东极蟠木⑨。动静之神，小大之物，日月所照，莫不底属⑩。"

注释

①颛项：传说中的古代部族首领。号烈山氏，亦作历山氏。

②用说：只有传说。

③有度：有法度。旧注："五帝久远，故用说也。三王迩，则有成法度。"

④毋或宿：不要隔夜。旧注："有所问，当问，勿令更宿也。"

⑤昌意：相传黄帝娶西陵之女，名嫘祖，为正妃。生二子，一为玄嚣，二为昌意。

⑥幽陵：即幽州，古代十二州之一。

⑦暨（jì）：到，及。交趾：古地名，指五岭以南一带地方。

⑧流沙：古代指我国西北的沙漠地区。

⑨蟠木：古代传说中的山名。

⑩底属：旧注："底，平。四远皆平而来服属之也。"

译文

宰我说："请问颛顼是怎样的人？"孔子说："五帝的事只有传说，三王的事则有法度。你想一天就听遍这些远古的传说，宰予你太急躁了吧！"宰我说："以前我听老师说过：'你们有问题不要过夜。'所以才敢问。"

孔子说："颛顼是黄帝的孙子，昌意的儿子，名叫高阳。他贞静深远而有计谋，通达而有远识，聚集财富靠因地制宜种庄稼，遵循时节效法天象。依照天地鬼神的法则来制定适宜的政策，调播五行之气使民知适时播种百谷，洁净虔诚地举行祭祀，巡行全国各地以安定民心。因此那时的国土北至幽陵，南到交趾，西抵流沙，东及蟠木。所有动的或静的物类，大大小小的东西，日月照到的地方，没有不是属于他的。"

原文

宰我曰："请问帝喾①？"

孔子曰："玄枵之孙②，乔极之子③，曰高辛。生而神异，自言其名。博施厚利，不于其身。聪以知远，明以察微。仁以威，惠而信，以顺天地之义。知民所急，修身而天下服。取地之财而节用焉，抚教万民而诲利之。历日月之生朔而迎送之④，明鬼神而敬事之。其色也和，其德也重，其动也时，其服也哀。春夏秋冬，育护天下。日月所照，风雨所至，莫不从化。"

注释

①帝喾（kù）：传说中的古代部族首领，号高辛氏。

②玄枵（xiāo）：即玄嚣，黄帝之子。

③乔极：一作"蟜极"，玄枵之子。

④历：相，察。日月之生朔：月球运行到太阳和地球之间，和太阳同时出没，地面上看不见月球，这种现象称朔。这天为农历的每月初一。

译文

宰我说："请问帝喾是怎样的一个人?"

孔子说："他是玄枵的孙子，乔极的儿子，名叫高辛。他生下来就很神异，能说出自己的名字。他广泛地施行厚利，不考虑自身的利益。他聪明而有远见，明敏而能体察细微的事物。他仁慈而有威望，恩惠而又诚信，以顺应天地的规律。他知道民众急需什么，修养自身而天下信服。从土地中获取财物而节俭省用，安抚教育民众而使他们受益。观察日月的出没来迎送它，明白鬼神的存在而恭敬地侍奉它。他神情和悦，品德高尚，使民有时，服丧哀恸。春夏秋冬，培育护卫着天下万物。日月照到的地方，风雨所及的地方，没有不被感化的。

原文

宰我曰："请问帝尧[1]?"

孔子曰："高辛氏之子，曰陶唐。其仁如天，其智如神。就之如日，望之如云。富而不骄，贵而能降。伯夷典礼[2]，夔、龙典乐[3]。舜时而仕，趋视四时，务先民始之。流四凶而天下服。其言不忒，其德不回。四海之内，舟舆所及，莫不夷说。"

注释

①帝尧：传说中父系氏族社会后期的部落联盟首领。陶唐氏，名放勋，史称唐尧。

②典礼：掌管礼仪的事。

③夔（kuí）、龙：都是尧舜时的乐官。旧注："舜时夔典乐，龙作纳言；然则尧时龙亦典乐者也。"

译文

宰我说："请问帝尧是怎样的人?"

孔子说："他是高辛氏的儿子，名叫陶唐。他仁慈如天，智慧如神。

靠近他如太阳般温暖，望着他如云彩般柔和。他富而不骄，贵而能谦。他让伯夷主管礼仪，让夔、龙执掌舞乐。推举舜来做官，到各地巡视四季农作物生长情况，把民众的事放在首位。他流放了共工、驩兜、三苗，诛杀了鲧，天下的人都信服。他的话从不出错，他的德行从不违背常理。四海之内，车船所到之处，人们没有不喜爱他的。”

原文

宰我曰：“请问帝舜①？”

孔子曰：“乔牛之孙②，瞽瞍之子也，曰有虞。舜孝友闻于四方，陶渔事亲③。宽裕而温良，敦敏而知时，畏天而爱民，恤远而亲近。承受大命，依于二女④。叡明智通，为天下帝。命二十二臣，率尧旧职，躬己而已⑤。天平地成，巡狩四海，五载一始。三十年在位，嗣帝五十载。陟方岳⑥，死于苍梧之野而葬焉⑦。”

注释

①帝舜：传说中父系氏族社会后期的部落联盟首领。有虞氏，名重华，史称虞舜。

②乔牛：一作“桥牛”，虞舜之祖父。

③陶渔事亲：制陶捕鱼来养活父母。旧注：“为陶器，躬捕鱼，以养父母。”

④二女：指舜的两位妻子。她们都是尧的女儿。旧注：“尧妻舜以二女，舜动静谋之于二女。”

⑤躬己：亲身力行。

⑥陟（zhì）：登，升。方岳：四方高大的山。

⑦苍梧：山名，又名九疑，在今湖南宁远南。

译文

宰我说：“请问帝舜是怎样的人？”

孔子说：“他是乔牛的孙子，瞽瞍的儿子，名叫有虞。舜因孝顺父母善待兄弟而闻名四方，用制陶和捕鱼来奉养双亲。他宽容而温和，机敏而知时，敬天而爱民，抚恤远方的人又亲近身边的人。他承受重任，依靠两位妻子的帮助。圣明睿智，成为天下帝王。任命二十二位大臣，都是帝尧原有的旧职，他只是身体力行而已。天下太平，地有收成，巡狩四海，五年一次。他三十岁被任用，接续帝位五十年。登临四岳，死在苍梧之野并安葬在那里。”

原文

宰我曰：“请问禹？”

孔子曰：“高阳之孙，鲧之子也①，曰夏后。敏给克齐②，其德不爽③，其仁可亲，其言可信。声为律，身为度。亹亹穆穆④，为纪为纲。其功为百神之主⑤，其惠为民父母。左准绳，右规矩，履四时，据四海。任皋繇、伯益以赞其治⑥，兴六师以征不序⑦，四极之民，莫敢不服。”

孔子曰：“予，大者如天，小者如言，民悦至矣。予也非其人也⑧。”宰我曰：“予也不足以戒敬承矣。”

注释

①鲧（gǔn）：传说中我国原始社会的部落首领。

②敏给：敏捷。克：能。齐：通“济”，成。

③不爽：没有差错。

④亹亹（wěi）：勤勉不倦貌。穆穆：仪态美好，容止庄敬貌。

⑤其功为百神之主：旧注：“禹治水，天下既平，然后百神得其所。”

⑥皋繇（yóu）：亦作“皋陶”“咎繇”，舜时贤臣，掌管刑狱之事。

⑦六师：犹“六军”，这里泛指军队。不序：不臣服。

⑧非其人也：旧注：“言不足以明五帝之德也。”意为孔子说自己也不足以说明禹的功德。

译文

宰我说：“请问禹是怎样一个人？”

孔子说："他是高阳的孙子，鲧的儿子，名叫夏后。他机敏能成就事业，行为没有差失，仁德可亲，言语可信。发声合乎音律，身体合乎度数。勤勉不倦，容止庄重，成为人们的榜样。他的功德使他成为百神之主，他的恩惠使他成为百姓父母。日常行动都有准则和规矩，不违背四时，安定了四海。任命皋繇、伯益帮助他治理百姓，率领军队征伐不服从者，四方的民众没有不服从的。"

孔子说："宰予啊，禹的功德大的方面像天一样广阔，小的方面即使是一句话，民众都非常喜欢。我也不能完全说清他的功德啊。"宰我说："我也不足以敬肃地接受您这样的教导。"

卷 六

五帝二十四

这一篇讲五帝和五行的关系。虽然将五帝和五行糅合在一起有些牵强，但也体现了孔子朴素的唯物哲学思想。汉代出现了“五德终始”说，可能就源于孔子吧。此篇又见于《吕氏春秋》、《礼记·月令》《礼记·檀弓》《春秋左氏传》。

原文

季康子问于孔子曰：“旧闻五帝之名，而不知其实，请问何谓五帝？”

孔子曰：“昔丘也闻诸老聃曰：‘天有五行，水火金木土，分时化育，以成万物，其神谓之五帝。’古之王者，易代而改号①，取法五行。五行更王②，终始相生，亦象其义。故其为明王者，而死配五行。是以太皞配木，炎帝配火，黄帝配土，少皞配金，颛顼配水。”

注释

①易代而改号：改换朝代就改换年号。

②五行更王：按照五行循环的顺序更换帝王年号。旧注：“法五行更王，终始相生，始以木德王天下，其次以生之行转相承。”

译文

季康子问孔子：“以前听说过‘五帝’的名称，但不知道它的实际含义，请问什么是五帝？”

孔子说：“从前我听老聃说：‘天有五行：水、火、金、木、土。这五行按不同的季节化生和孕育，形成了万物，那万物之神就叫做五帝。’古代的帝王，因改朝换代而改换国号、帝号，就取法五行。按五行更换帝号，周而复始，终始相生，也遵循五行的顺序。因此那些贤明的君王，死后也以五行相配。所以太皞配木，炎帝配火，黄帝配土，少皞配金，颛顼配水。”

原文

康子曰：“太皞氏其始之木何如？”孔子曰：“五行用事①，先起于木。木，东方万物之初皆出焉，是故王者则之②，而首以木德王天下。其次则以所生之行转相承也。”

注释

①用事：运行。

②则：效法。

译文

季康子问：“太皞氏从木开始是什么缘故呢？”孔子回答说：“五行的运行，先是从木开始的。木属东方，万物开始都是从这里产生的，因此帝王以此为准则，首先以木德称王于天下。然后依据自己所生的“行”，依次转换承接。

执辔第二十五

这是孔子回答闵子骞问政的一篇对话。孔子把治理民比喻为驾驭马，把德法比喻为衔勒。德法为御民之具，衔勒为御马之具。“善御民者，壹其德法，正其百官，以均齐民力，和安民心”，“善御马者，正衔勒，齐辔策，均马力，和马心”。治民“无德法而用刑，民必流，国必亡”，御马“无衔勒而用棰策，马必伤，车必败”。接着又讲六官犹如马缰绳，天子控制好六官，并定期对他们进行整饬、考核，这是“治国之要”。此文又见《大戴礼·子张问入官》。

原文

闵子骞为费宰①，问政于孔子。

子曰：“以德以法。夫德法者，御民之具，犹御马之有衔勒也。君者，人也；吏者，辔也；刑者，策也。夫人君之政，执其辔策而已。”

子骞曰：“敢问古之为政？”

孔子曰：“古者天子以内史为左右手②，以德法为衔勒，以百官为辔，以刑罚为策，以万民为马，故御天下数百年而不失。善御马者，正衔勒，齐辔策，均马力，和马心。故口无声而马应辔，策不举而极千里。善御民者，壹其德法③，正其百官，以均齐民力，和安民心。故令不再而民顺从，刑不用而天下治。是以天地德之，而兆民怀之④。夫天地之所德，兆民之所怀，其政美，其民而众称之。今人言五帝三王者，其盛无偶，威察若存，其故何也？其法盛，其德厚，故思其德，必称其人，朝夕祝之。升闻于天⑤，上帝俱歆，用永厥世，而丰其年。

“不能御民者，弃其德法，专用刑辟，譬犹御马，弃其衔勒，而专用棰策，其不制也，可必矣。夫无衔勒而用棰策，马必伤，车必败。无德法而用刑，民必流，国必亡。治国而无德法，则民无修；民无修，则迷惑失道。如此，上帝必以其为乱天道也。苟乱天道，则刑罚暴，上下相谀，莫知念忠，俱无道故也。今人言恶者，必比之于桀纣，其故何也？其法不听，其德不厚。故民恶其残虐，莫不吁嗟，朝夕祝之。升闻于天，上帝不蠲⑥，降之以祸罚，灾害并生，用殄厥世。故曰德法者御民之本。

注释

①闵子骞（qiān）：即闵损，字子骞，孔子弟子。费：古地名，春秋鲁邑。旧址在今山东鱼台西南费亭。

②内史：官名，协助天子管理爵禄废置等政务。旧注："内史，掌政八柄，及叙事之法，受纳以诏王听治，命孤卿大夫则策命，以四方之事书而读之。王制禄则书之策，赏则亦如之。故王以为左右手。"

③壹：统一，使一致。

④兆民：众百姓，极言其多。

⑤升闻：上闻。

⑥不蠲（juān）：不减免。

译文

闵子骞任费地长官时，问孔子治理民众的方法。

孔子说："用德政和法制。德政和法制是治理民众的工具，就好像驾驭马用勒口和缰绳一样。国君好比驾马的人，官吏好比勒口和缰绳，刑罚好比马鞭。君王执政，只要掌握好缰绳和马鞭就可以了。"

闵子骞说："请问古人是怎样执政的呢？"

孔子说："古代的天子把内史作为帮助自己执政的左右手，把德政和法制当做马勒口，把百官当做缰绳，把刑罚当做马鞭，把万民当做马，所以统治天下数百年而没有失误。善于驾驭马，就要安正马勒口，备齐缰绳马鞭，均衡使用马力，让马齐心合力。这样不用吆喝马就应和缰绳的松紧前进，不用扬鞭就可以跑千里之路。善于统治民众，就得统一道德和法制，端正百官，均衡地使用民力，使民心安定和谐。所以法令不用重复申告民众就会服从，刑罚不用再次施行天下就会得到治理。因此天地也认为他有德，万民也乐于服从。天地之所以认为他有德，万民之所以乐于服从，因为各种政令美好，民众就会交口称赞。现在人说起五帝、三王，他们的盛德无人能比，他们的威严和明察好像至今还存在，这是什么缘故呢？他们的法制完备，他们的德政深厚，所以一想起他们的德政，必然会称赞他们个人，朝夕为他们祝祷。上天听到了这些声音，天帝知道了都很高兴，因此让他们国运长久而年成丰收。

不善于治理民众的人，他们丢弃了德政和法制，专用刑罚，这就好比驾驭马，丢弃了勒口和缰绳而专用棍棒和马鞭，事情做不好是必然的。驾驭马没有勒口和缰绳而用棍棒和马鞭，马必然会受伤，车必然会毁坏。没有德政和法制而用刑罚，民众必然会流亡，国家必然会灭亡。治理国家而没有德政和法制，民众就没有修养，民众没有修养，就会迷惑不走正道。这样，天帝必然认为这是扰乱了天道。如果天道混乱，就会刑罚残暴，上下相互奉承讨好，没人再考虑忠诚信义，这都是没有遵循道的缘故。现在人们说到恶人，必定会把他比作夏桀、商纣，这是为什么呢？因为他们制定的法令不能治理国家，他们的德政不厚。所以民众厌恶他们的残暴，没有不叹息的，会朝夕诅咒他们。上天听到了这些声音，天帝不会免除他们的罪过，降下灾祸来惩罚他们，灾难祸害一起发生，因此灭绝了他们的朝代。所以说德政和法制是治理民众的根本方法。

原文

“古之御天下者，以六官总治焉[①]。冢宰之官以成道[②]，司徒之官以成德[③]，宗伯之官以成仁[④]，司马之官以成圣[⑤]，司寇之官以成义[⑥]，司空之官以成礼[⑦]。六官在手以为辔，司会均仁以为纳[⑧]。故曰御四马者执六辔，御天下者正六官。是故善御马者，正身以总辔，均马力，齐马心，回旋曲折，唯其所之。故可以取长道，可赴急疾。此圣人所以御天地与人事之法则也。天子以内史为左右手，以六官为辔，已而与三公为执六官，均五教[⑨]，齐五法[⑩]。故亦唯其所引，无不如志。以之道则国治，以之德则国安[⑪]，以之仁则国和，以之圣则国平[⑫]，以之礼则国定，以之义则国义[⑬]，此御政之术。”

“过失，人之情，莫不有焉。过而改之，是为不过。故官属不理，分职不明，法政不一，百事失纪，曰乱。乱则饬冢宰⑭。地而不殖，财物不蕃，万民饥寒，教训不行，风俗淫僻，人民流散，曰危。危则饬司徒。父子不亲，长幼失序，君臣上下，乖离异志，曰不和。不和则饬宗伯。贤能而失官爵，功劳而失赏禄，士卒疾怨，兵弱不用，曰不平。不平则饬司马。刑罚暴乱，奸邪不胜⑮，曰不义。不义则饬司寇。度量不审，举事失理，都鄙不修，财物失所，曰贫。贫则饬司空。故御者同是车马，或以取千里，或不及数百里，其所谓进退缓急异也。夫治者同是官法，或以致平，或以致乱者，亦其所以为进退缓急异也。”

“古者天子常以季冬考德正法⑯，以观治乱。德盛者治也，德薄者乱也。故天子考德，则天下之治乱可坐庙堂之上而知之。夫德盛则法修，德不盛则饬，法与政咸德而不衰。故曰王者又以孟春论之德及功能⑰，能德法者为有德，能行德法者为有行，能成德法者为有功，能治德法者为有智。故天子论吏，而德法行，事治而功成。夫季冬正法，孟春论吏，治国之要。”

注释

①六官：指下文所讲的冢宰、司徒、宗伯、司马、司寇、司空。

②冢（zhǒng）宰：周官名，为百官之长。旧注：“治官所以成道。”

③司徒：官名。主管教化。旧注：“教官所以成德。”

④宗伯：官名。主管宗庙祭祀等。旧注：“祀官所以成仁。”

⑤司马：官名。主管兵事。旧注：“治官所以成圣，圣通征伐，所以通天下也。”

⑥司寇：官名。主管刑狱。旧注：“刑官所以成义。”

⑦司空：官名。主管建筑工程，制造车服器械等。旧注：“事官所以成礼，礼非事不立也。”

⑧司会：官名。主管财政经济，及对群臣的政绩考核。纳：通“軜”，骖马的内侧缰绳。旧注：“纳，骖马辔，辔系轼前者。司会掌邦之六典八

法之戒，以周知四方之治，冢宰之副。故不在其六辔，至当纳位。”

⑨五教：指父义、母慈、兄友、弟恭、子孝这五种封建人伦准则。

⑩五法：旧注：“仁义礼智信之法也。”

⑪以之德则国安：旧注：“德教成，以之仁则国和；礼之用和为贵，则国安。”

⑫以之圣则国平：旧注：“通治远近则国平也。”

⑬以之义则国义：旧注：“义，平也。刑罚当罪则国平。”

⑭饬（chì）：整饬。旧注：“饬谓整摄人也。”

⑮不胜：不能制服。

⑯季冬：冬末。

⑰孟春：初春，即春季的第一个月。

译文

“古代统治天下的帝王，用六官来总理国家。冢宰之类的官来成就道，司徒之类的官来成就德，宗伯之类的官来成就仁，司马之类的官来成就圣，司寇之类的官来成就义，司空之类的官来成就礼。六官控制在手就如同有了缰绳，司会使仁义均齐就如同有了内侧缰绳。所以说：驾驭四马的人要控制好六条缰绳，治理天下的人要掌握好六官。因此，善于驾驭马的人，端正身体揽好缰绳，使马均匀用力，让马齐心一致，即使走曲折婉转之路，到何处都随心所欲。可以走长道，可以赴急难。这是圣人用来掌握天地和治理民众的法则。天子把内史作为左右手，把六官作缰绳，然后和三公一起来控制六官，使五教均齐，使五法齐备，只要你有所指引，没有不如愿的。遵从道，国家就能治理；遵从德，国家就能安定；遵从仁，国家就能和平；遵从圣贤，国家就能平安；遵从礼，国家就能长治久安；遵从义，国家就会有信义。这就是施政的方法。

“过错和失误，是人之常情，作为一个人，不可能没有过失。有了过错而能改正，就不为过。因此，官属不理清，职责不分明，法律政策不统一，百事失去纲纪，这叫做混乱。混乱就整饬冢宰。田地没有种好，财物没有增加，万民饥寒，教令不行，风俗淫乱邪僻，人民流离失散，这叫做危险。危险就整饬司徒。父子不亲，长幼失序，君臣上下离心离德，各有其志，这叫做不和。不和就整饬宗伯。贤能的人失去官爵，有功劳失去奖赏利禄，士卒心怀怨恨，兵力虚弱不堪使用，这叫做不平。不平就整饬司马。刑罚暴乱，奸邪不能被制服，这叫做不义。不义就整饬司寇。度量不详审，举事失去条理章法，城邑不修，财物流散，这叫做贫穷。贫穷就整饬司空。驾驭着同样的车马，有的可以行千里，有的走不到数百里，这就是所谓进退缓急不同啊。各级官员执行的是同样的官法，有的人治理得很好，有的人却导致了混乱，这也是因为进退缓急不同造成的。

“古时候天子常在冬末考察德政，调整法令，用以观察治乱。德政深厚，世道就安定；德政浅薄，世道就混乱。所以天子只要考察德政，那么天下的治乱，坐在朝堂之上就可以知道了。德政深厚，法令就会得到修治，德政不深厚就要整饬，法令和政治都合乎德就不会衰败。所以天子又在春季的第一个月评论官吏的德行及功劳才能。能够遵守德政和法治的为有德行，能够施行德政和法治的为有才干，施行德政和法治有成效的为有功劳，能运用德政和法治来管理政事的为有智谋。因此天子评定官吏而德政和法治得到推行，政事得到治理而大功告成。冬末调整法律，初春评定官吏，这是治国的关键。”

本命解第二十六

本篇“鲁哀公问”章，孔子讲了性和命、生和死的关系。“分于道谓之命，形于一谓之性。化于阴阳，象形而发谓之生，化穷数尽谓之死。故命者，性之始也；死者，生之终也。有始则必有终矣。”又从论述男女的不同，引出礼的作用，认为男子是“任天道而长万物”的，而女子则“无专制之义，而有三从之道”。这种男女不平等的观念在长期的封建社会一直存在。此篇文字又见于《大戴礼记·本命》。

原文

鲁哀公问于孔子曰：“人之命与性何谓也？”

孔子对曰：“分于道谓之命①，形于一谓之性②。化于阴阳，象形而发谓之生，化穷数尽谓之死。故命者，性之始也；死者，生之终也。有始则必有终矣。

“人始生而有不具者五焉：目无见，不能食，不能行，不能言，不能化。及生三月而微煦③，然后有见。八月生齿，然后能食。三年囟合④，然后能言。十有六而精通，然后能化。阴穷反阳，故阴以阳变；阳穷反阴，故阳以阴化。是以男子八月生齿，八岁而龀⑤。女子七月生齿，七岁而龀，十有四而化。一阳一阴，奇偶相配，然后道合化成。性命之端，形于此也。”

公曰：“男子十六精通，女子十四而化，是则可以生民矣。而礼男子三十而有室，女子二十而有夫也，岂不晚哉？”

孔子曰：“夫礼言其极，不是过也。男子二十而冠，有为人父之端。女子十五许嫁，有适人之道。于此而往，则自婚矣。群生闭藏乎阴，而为化育之始。故圣人因时以合偶男女，穷天数也。霜降而妇功成，嫁娶者行焉。冰泮而农桑起⑥，婚礼而杀于此⑦。男子者，任天道而长万物者也。知可为，知不可为；知可言，知不可言；知可行，知不可行者。是故审其伦而明其别⑧，谓之知，所以效匹夫之德也。女子者，顺男子之教而长其理者也，是故无专制之义，而有三从之道。幼从父兄，既嫁从夫，夫死从子，言无再醮⑨之端。教令不出于闺门，事在供酒食而已。无阃外之非仪也⑩，不越境而奔丧。事无擅为，行无独成，参知而后动，可验而后言。昼不游庭，夜行以火，所以效匹妇之德也。"

孔子遂言曰："女有五不取：逆家子者，乱家子者，世有刑人子者，有恶疾子者，丧父长子。妇有七出，三不去。七出者：不顺父母者，无子者，淫僻者，嫉妒者，恶疾者，多口舌者，窃盗者。三不去者：谓有所取无所归，一也。与共更三年之丧⑪，二也。先贫贱，后富贵，三也。凡此，圣人所以顺男女之际，重婚姻之始也。"

注释

①分于道谓之命：旧注："分于道，谓始得为人。"意思是说从"道"中分离出来，成了独立的人。

②形于一谓之性：旧注："人各受阴阳以刚柔之性，故曰形于一也。"意思是说人各自秉受阴阳之气，而有了刚柔不同的性格。

③微煦（xǔ）：眼珠能微微转动。

④囟（xìn）合：囟门长好了，合住了。囟，在婴儿头顶前部，刚出生时还没长好。

⑤龀（chèn）：指儿童换乳牙。

⑥冰泮（pàn）：冰溶解。旧注："泮，散也。正月农事起，蚕者采桑。"

⑦杀：结束，停止。旧注："婚礼始杀，言未正也。至二月农事始起，会男女之无夫家者、奔者，期尽此月故也。《诗》云：士如归妻，迨冰未泮。'言如欲使妻归，当及冰未泮散之盛时也。"

⑧审：明察。伦：类别。

⑨再醮（jiào）：改嫁。旧注："始嫁言醮。礼无再醮之端，统言不改

事人也。”

⑩无阃（kǔn）外之非仪也：旧注：“阃，门限。妇人以自专，无阃外之威仪。《诗》云：‘无非无仪，酒食是议。’”

⑪共更三年之丧：指为公婆服孝三年。

译文

鲁哀公问孔子：“人的命和性是怎么回事呢？”

孔子回答说：“根据天地自然之道而化生出来的就是命，人秉受阴阳之气而形成不同的个性就是性。由阴阳变化而来，有一定形体发出来，叫做生；阴阳变化穷尽之后，叫做死。所以说，命就是性的开始，死就是生的终结。有始则必有终。

“人刚出生时有五种能力不具备：目不能见，嘴不能食，腿不能行，口不能言，不能生育。出生三个月以后眼珠微能转动，然后才能看见；八个月长牙，然后能吃东西；三年囟门闭合，然后才能说话；十六岁精气畅通，然后才能生育。阴达到极点就要返阳，故阴是从阳变化的；阳达到极点就要返阴，故阳得阴才能变化。所以男子八个月长牙，八岁换牙；女子七个月长牙，七岁换牙，十四岁能够生育。一阳一阴，奇偶相配，然后阴阳化合才能生育。性命的开始，就从这里形成了。”

鲁哀公说：“男子十六岁精气通畅，女子十四岁能生育，这时就可以生小孩了。而根据礼，男子三十岁娶妻，女子二十岁嫁人，岂不是晚了吗？”

孔子说：“礼说的是最迟限度，不要超过这个限度。男子二十岁举行加冠之礼，就可以开始做父亲了。女子十五允许出嫁，就有出嫁的道理了。从此之后，就可以结婚。众生闭藏于阴，就成为化育的开始。因此圣人依据时节，让男女成婚，穷尽了天数的极限。霜降时妇女该做的家务事都完成了，男婚女嫁的事就开始操办了。冰雪融化后农耕养蚕的事就开始了，举行婚礼的事到此停止。男子，是担当天下大任而让万物生长的人，知道什么可做，什么不可做；知道什么可说，什么不可说；知道什么可行，什么不可行。因此审视清楚事物的类别和区别，叫做知，这就是一般男人的品德。女子，是顺从男子的教导而经常按此道理去做的人，因此没有自作主张的道理，只有三从的责任。年幼时服从父兄，出嫁后服从丈夫，丈夫死后服从儿子，没有改嫁的理由。家内的命令不由妇女发出，她们的事只是供应饮食酒菜而已。在家门外不要被人非议，不能到超过规定的地方去奔丧。事情不能自己擅自做主，有事不能独自出行，要三思之后再行动，验证之后再说话。白天不在庭院中游逛，夜里走路要举着灯火。这就是一般妇女的品德。”

孔子接着说：“有五种女子不能娶：叛逆造反家庭的女子；淫秽乱伦家庭的女子；受过刑罚家庭的女子；有不治之病家庭的女子；早年丧父家庭的长女。妇人有七种情况可以被休弃，三种情况不可以被休弃。七种情况是：不孝顺父母的；没有儿子的；有淫乱邪僻行为的；爱嫉妒的；有难治之病的；多口多舌的；有偷盗行为的。三种情况是：娶时有家休弃后无家可归的，这是第一种。为公婆服过三年丧的，这是第二种。夫家先贫贱后富贵的，这是第三种。所有这些，是圣人根据男女之间的关系，重视婚姻的开始。”

论礼第二十七

春秋时代，礼崩乐坏，社会混乱。孔子想用礼、乐来恢复社会的正常秩序。“孔子闲居”篇讲的就是孔子对礼的一些重要见解，如什么是礼，怎样做才符合礼，并全面地论述了礼的功用：“郊社之礼，所以仁鬼神也；禘尝之礼，所以仁昭穆也；馈奠之礼，所以仁死丧也；射飨之礼，所以仁乡党也；食飨之礼，所以仁宾客也。”认为“治国而无礼，譬犹瞽之无相，伥伥乎何所之？譬犹终夜有求于幽室之中，非烛何以见？故无礼则手足无所措，耳目无所加，进退揖让无所制”。此篇又见于《礼记·仲尼燕居》。“子夏侍坐于孔子”章，主要讲了《诗》、礼、乐三者的关系，并讲到为官要了解礼乐的根源，做到“五至”和“三无”，才能称得上民的父母官。表现了孔子一贯的仁政思想，有一定的积极意义。此篇又见于《礼记·孔子闲居》。

原文

孔子闲居，子张、子贡、言游侍①，论及于礼。孔子曰：“居，汝三人者，吾语汝以礼，周流无不遍也②。”

子贡越席而对曰：“敢问如何？”子曰：“敬而不中礼谓之野，恭而不中礼谓之给③，勇而不中礼谓之逆。”子曰：“给夺慈仁。”子贡曰：“敢问将何以为此中礼者？”子曰：“礼乎，夫礼所以制中也。”

子贡退，言游进曰：“敢问礼也，领恶而全好者与？”子曰：“然。”子贡问：“何也？”子曰：“郊社之礼④，所以仁鬼神也；稀尝之礼⑤，所以仁昭穆也；馈奠之礼⑥，所以仁死丧也；射飨之礼⑦，所以仁乡党也；食飨之礼⑧，所以仁宾客也。明乎郊社之义，稀尝之礼，治国其如指诸掌而已。是故居家有礼，故长幼辨；以之闺门有礼，故三族和；以之朝廷有礼，故官爵序；以之田猎有礼，故戎事闲；以之军旅有礼，故武功成。是以宫室得其度，鼎俎得其象，物得其时，乐得其节，车得其轼，鬼神得其享，丧纪得其哀，辩说得其党，百官得其体，政事得其施。加于身而措于前，凡众之动，得其宜也。”

言游退，子张进曰：“敢问礼何谓也？”子曰：“礼者，即事之治也。君子有其事，必有其治。治国而无礼，譬犹瞽之无相⑨，伥伥乎何所之⑩？譬犹终夜有求于幽室之中，非烛何以见？故无礼则手足无所措，耳目无所加，进退揖让无所制。是故以其居处，长幼失其别，闺门三族失其和，朝廷官爵失其序，田猎戎事失其策，军旅武功失其势，宫室失其度，鼎俎失其象，物失其时，乐失其节，车失其轼，鬼神失其享，丧纪失其哀，辩说失其党，百官失其体，政事失其施。加于身而措于前，凡众之动失其宜。如此，则无以祖洽四海⑪。”

子曰：“慎听之，汝三人者。吾语汝，礼犹有九焉，大飨有四焉。苟知此矣，虽在畎亩之中⑫，事之，圣人矣。两君相见，揖让而入，入门而悬兴⑬。揖让而升堂，升堂而乐阕。下管《象》舞⑭，夏钥序兴⑮。陈其荐俎，序其礼乐，备其百官。如此而后君子知仁焉。行中规，旋中矩，銮和中《采荠》⑯。客出以《雍》⑰，彻以《振羽》⑱。是故君子无物而不在于礼焉。入门而金作，示情也；升歌《清庙》⑲，示德也；下管象舞，示事也。是故古之君子，不必亲相与言也，以礼乐相示而已。夫礼者，理也；乐者，节也。无礼不动，无节不作。不能《诗》，于礼谬；不能乐，于礼素；薄于德，于礼虚。”

子贡作而问曰：“然则夔其穷与？”子曰：“古之人与？上古之人也。达于礼而不达于乐，谓之素；达于乐而不达于礼，谓之偏。夫夔达于乐而不达于礼，是以传于此名也。古之人也，凡制度在礼，文为在礼，行之其在人乎？”

三子者，既得闻此论于夫子也，焕若发蒙焉。

注释

①子张：即颛孙师，字子张。子贡：即端木赐，字子贡。言游：即言

偃，字子游。三人均为孔子弟子。

②周流：普遍流传。

③给：言语便捷。此指言语不得体。

④郊社之礼：祭天地之礼。

⑤禘（dì）：宗庙四时祭之一，每年夏季举行。尝：古代秋祭名。

⑥馈（kuì）奠之礼：向鬼神献上祭品。

⑦射：指乡射礼，即卿大夫举士后举行的射礼。飨：以酒食款待。

⑧食飨（xiǎng）：食宴酒会。

⑨瞽：盲人。相：搀扶，帮助。

⑩伥伥（chāng）：迷茫不知所措。

⑪祖洽：倡导和谐。旧注："祖，始也；洽，合也。言失礼无以为众倡始，无以合和众。"

⑫畎（quǎn）亩：田间。旧注："在畎亩之中犹焉为圣人。"

⑬悬：悬挂。兴：作。指奏乐。旧注："兴，作乐也。"

⑭下管：堂下吹管乐。象舞：一种武舞。旧注："下管，堂下吹管。象，武舞也。"

⑮夏钥（yào）：大夏之舞，执籥（yuè）以舞。序兴：指文武之舞依次而舞。旧注："夏，文舞也。执籥，符如笛。"

⑯銮（luán）和：皆为车铃声。中：应和。指铃声和乐声相和。采荠（jì）：乐曲名。指车出迎宾时，奏采荠之乐。旧注："采荠，乐曲名，所以为和銮之节。"

⑰客出以雍：宴会完毕，客人出来时奏雍。雍，乐曲名。旧注："雍，乐曲名，在《周颂》。"

⑱彻：同"撤"，宴罢撤席。以振羽：歌振羽。"振羽"即"振鹭"，《诗经·周颂》篇名。

⑲升歌清庙：登堂时唱清庙之诗。清庙，《诗经·周颂》篇名。

译文

孔子在家休息，弟子子张、子贡、子游陪侍，说话时说到了礼。孔子说："坐下，你们三人，我给你们讲讲礼。礼周详地运用到各处无所不遍。"

子贡站起来离席回话说："请问礼该如何？"孔子说："虔敬而不合乎礼，叫做土气；谦恭而不合乎礼，叫做巴结；勇敢而不合乎礼，叫做乖逆。"孔子又说："巴结混淆了慈悲和仁爱。"子贡说："请问怎么做才能做到合乎礼呢？"孔子说："礼吗？礼，就是用来节制行为使之适中的。"

子贡退下来，子游上前说："请问，所谓礼是不是为了治理恶劣习性而保全良好品行的呢？"孔子说："是的。"子贡问："那该怎么做呢？"孔子说："祭天祭地之礼，是用以致仁爱于鬼神的；秋尝夏禘之礼，是用以致仁爱于祖先的；馈食祭奠之礼，是用以致仁爱于死者的；举行乡射礼、乡饮酒礼，是用以致仁爱于乡亲邻里的；宴会饮酒的礼仪，是用以致仁爱于宾客的。明白了祭天祭地的礼仪，秋尝夏禘的礼仪，那么治理国家就像在手掌上指画那样容易。因此，用这些礼仪，居家处事有礼，长幼就分辨清楚了；家族内部有礼，一家三代就和睦了；在朝廷上有礼，官职爵位就井然有序了；田猎时有礼，军事演习就熟练了；军队里有礼，就能建立战功了。因为有了礼，宫室得以有了制度，祭器有了样式，各种器物符合时节，音乐符合节拍，车辆有了定式，鬼神得到了该有的祭享，丧葬有了适度的悲哀，辩说得以拥有支持的人，百官得以各守其职分，政事得以顺利施行。加在每人身上的，摆在面前的，人们的种种行为举动都能够适宜得当。"

子游退下去，子张上前问道："请问什么是礼呢？"孔子说："所谓礼，就是对事物的治理。君子有什么事务，必有相应的治理手段。治理国家假如没有礼，就好像盲人没有扶助的人，茫然不知该往哪里走。又如整夜在暗室中找东西，没有烛光怎么能看得见呢？所以说没有礼就会手足无措，耳目也不知该听什么该看什么，进退、作揖、谦让都失去了尺度。这样一来，居家处事就会长幼无别，家族之内祖孙三辈就失去了和睦，朝廷上官爵就失去了秩序，田猎练武就失去了策略，军队攻守就失去了控制，宫室建造就失去了制度，祭器就失去了式样，各种事物就失去了合适的时间，音乐就失去了节制，车辆就失去了定式，鬼神就失去了祭享，丧事就失去了合度的哀伤，辩说就失去了支持的人，百官就会失职，政事就不能施行。凡加在每个人身上的，摆在面前的，人们的种种行为举动都失其所宜。这样，就无法协调民众一致行动了。”

孔子说：“仔细听着，你们三人！我告诉你们，礼还有九件事，其中四件是大飨礼所特有的。如果知道了这些，哪怕是个种田人，只要依礼而行，他也是圣人了。两位国君相见，互相作揖谦让后进人大门，入门后钟鼓等乐器齐奏，两人又互相作揖谦让后登上大堂，登上大堂之后乐声就停止了。这时在堂下又用管乐奏起《象》的乐曲，接着执籥的人又跳起《大夏》之舞和各种舞蹈。摆设笾豆与牲俎，按序安排礼乐，备齐各种执事人员。这样，来访的国君就感受到了主人的盛情厚意。在这里，人们来往走动都符合规定，周旋时步子都合乎规矩，车子的铃声也合着《采荠》乐曲的节拍。客人出去时，堂下奏起《雍》的乐章；撤去席上食具时，奏起《振羽》的乐章。所以，君子的行动没有一件事不在礼节之中。客人进门时钟声响起，是表示欢迎之情；登堂时演奏《清庙》诗章，表示赞美其功德；堂下吹奏《象》的舞曲，表示崇敬祖先的功业。所以，古代的大人君子相见，不必互相说话，只凭礼乐就可以传达情意了。礼，就是理；乐，就是节。没有道理的事不做，没有节制的事不为。不懂得赋《诗》言志，礼节上就会出差错；不能用音乐来配合，礼节就显得单调枯燥；道德浅薄，礼就会显得虚假。”

子贡站起来问道：“按这么说，夔对礼精通吗？”孔子说：“夔不是古代的人吗？他是上古时代的人啊！精通礼而不精通乐，叫做质朴；精通乐而不精通礼，叫做偏颇。夔大概只精通乐而不精通礼，所以传下精通音乐的名声。不过古代的人，各项制度都存在于礼中，制度也靠礼来修饰，实行起来大概还是靠人吧。”

三个弟子听了孔子这番话，眼前豁然一亮，好像拨开了迷雾。

原文

子夏侍坐于孔子，曰：“敢问《诗》云①‘皑悌君子②，民之父母兮’，何如斯可谓民之父母？”

孔子曰："夫民之父母，必达于礼乐之源，以致五至而行三无，以横于天下。四方有败，必先知之。此之谓民之父母。"

子夏曰："敢问何谓五至？"

孔子曰："志之所至，诗亦至焉；诗之所至，礼亦至焉；礼之所至，乐亦至焉；乐之所至，哀亦至焉。诗礼相成，哀乐相生。是以正明目而视之，不可得而见；倾耳而听之，不可得而闻；志气塞于天地，行之克于四海，此之谓五至矣。"

子夏曰："敢问何谓三无？"

孔子曰："无声之乐，无体之礼，无服之丧，此之谓三无。"

子夏曰："敢问三无何《诗》近之？"

孔子曰："夙夜基命宥密心，无声之乐也；'威仪逮逮'④，不可选也，无体之礼也；'凡民有丧，扶伏救之'⑤，无服之丧也。"

子夏曰："言则美矣，大矣，言尽于此而已乎？"

孔子曰："何谓其然？吾语汝！其义犹有五起焉。"

子夏曰："何如？"

孔子曰："无声之乐，气志不违；无体之礼，威仪迟迟⑥；无服之丧，内恕孔悲⑦；无声之乐，所愿必从；无体之礼，上下和同；无服之丧，施及万邦。既然，而又奉之以三无私而劳天下，此之谓五起。"

子夏曰："何谓三无私？"

孔子曰："天无私覆，地无私载，日月无私照。其在《诗》曰⑧：'帝命不违，至于汤齐⑨。汤降不迟⑩，圣敬日跻⑪。昭假迟迟⑫，上帝是祗⑬。帝命式于九围⑭。'是汤之德也。"

子夏蹶然而起⑮，负墙而立曰⑯："弟子敢不志之！"

注释

①诗：此指《诗经·大雅·泂酌》。

②恺悌（kǎi tì）：性情随和，平易近人。

③夙夜：早晚，朝夕。基：通"其"。宥：有，又。密：读为"勉"，努力。此句意为早早晚晚受命多勉力。为《诗经·周颂·昊天有成命》中

的诗句。旧注："夙夜，恭也。基，始也。命，信也。宥，宽也。密，宁也。言以行与民信五教，在宽民以安宁，故谓之无声之乐也。"可参阅。

④威仪：庄严的容止。逮逮：雍容娴雅的样子。此为《诗经·邶风·柏舟》中的诗句。

⑤凡民有丧，扶伏救之：此为《诗经·邶风·谷风》中的诗句。

⑥迟迟：从容不迫的样子。

⑦内恕：存心宽厚。孔：很，非常。

⑧诗：指《诗经·商颂·长发》。

⑨至于汤齐：旧注："至汤与天心齐。"

⑩汤降不迟：旧注："不迟言疾。"

⑪圣敬日跻：旧注："跻，升也。汤疾行下人之道，其圣敬之德日升闻也。"

⑫昭假迟迟：旧注："汤之威德，昭明遍至，化行宽舒，迟迟然。"

⑬上帝是祗：旧注："故上帝敬其德。"

⑭帝命式于九围：旧注："九围，九州也。天命用于九州，谓以为天下王。"

⑮蹶（jué）然：急忙，迅速。

⑯负墙：背靠墙。

译文

子夏陪坐在孔子旁边，说："请问《诗经》里说：'和悦可亲的君子，好比民众的父母'，怎么样才能称为民的父母呢？"

孔子说："作为民的父母，必须懂得礼乐的来源，达到'五至'实行'三无'，以此精神扩充于天下。四方出现祸患，必定预先知道。这样的人就可以称得上民的父母了。"

子夏说："请问什么叫'五至'？"

孔子说："情意所至之处，《诗经》中的诗句就随之而至；诗句所至的同时，礼也随之而至；礼所至之处，乐也随之而至；乐所至之处，哀也随之而至。《诗》和礼是相辅相成的，哀和乐是相互引发的。所以这种情景，擦亮眼睛来看，也不可能看见；侧着耳朵来听，也不可能听见。然而这种意志充满天地之间，流行起来会充满四海，这就叫做五至。”

子夏问：“请问什么叫‘三无’呢？”

孔子说：“无声的音乐，无仪式的礼节，不穿丧服而哀的丧礼，这叫做三无。”

子夏说：“请问什么诗句接近三无的意思呢？”

孔子说：“‘日夜谋划治国以安民’，这句诗就接近无声的音乐。‘仪容庄严和易，让人无可挑剔’，这句诗就接近无仪式的礼节。‘凡是民众有急难，全力救助不迟缓’，这句诗就接近不穿丧服而哀的丧礼。”

子贡说：“您的话太美了、太伟大了，话说到此就到尽头了吧？”

孔子说：“怎么会这样呢？我告诉你，其中的含义还要从五个方面来说明。”

子夏说：“如何说呢？”

孔子说：“无声的音乐，不违背心意；无仪式的礼节，威仪从容；不穿丧服而哀的丧礼，内心同情而悲伤。无声的音乐，心想事成；无仪式的礼节，上下和睦同心；不穿丧服而哀的丧礼，得以抚育万邦。这样，又用三无私的精神来治理天下，这就叫做五起。”

子夏说：“请问什么叫三无私呢？”

孔子说：“上天覆盖万物没有偏私，大地承载万物没有偏私，日月普照天下没有偏私。这种精神在《诗经》中是这样说的：‘上帝命令不违背，至于成汤登了位。汤王降世正适时，盛德敬慎日累积。虔诚祈祷久不息，无限崇敬事上帝，上帝命他统理九州域。’这就是商汤的德行。”

子夏听到这里急忙站起来，背靠墙站着，说：“弟子岂敢不记下先生这番教导。”

卷七

观乡射第二十八

孔子很重视基层礼仪乡射礼，并亲自带领弟子们去练习。在习射的同时，不失时机地对民众进行礼的教育，对遵守礼法者进行鼓励，并用淘汰的方法教育那些礼义欠缺的人。此篇又见于《礼记·郊特牲》和《礼记·射义》。

原文

孔子观于乡射①，喟然叹曰："射之以礼乐也，何以射？何以听？修身而发，而不失正鹄者②，其唯贤者乎？若夫不肖之人，则将安能以求饮？《诗》云③：'发彼有的④，以祈尔爵⑤。'祈，求也。求所中以辞爵⑥。酒者，所以养老、所以养病也。求中以辞爵，辞其养也。是故士使之射而弗能，则辞以病，悬弧之义⑦。"

于是退而与门人习射于矍相之圃⑧，盖观者如堵墙焉。射至于司马⑨，使子路执弓矢，出列延⑩，谓射之者曰："奔军之将，亡国之大夫，与为人后者⑪，不得入，其余皆入。"盖去者半。又使公罔之裘、序点扬觯而语曰⑫："幼壮孝悌，耆老好礼，不从流俗，修身以俟死者，在此位。"盖去者半。序点又扬觯而语曰："好学不倦，好礼不变，耄期称道而不乱者⑬，在此位。"也盖仅有存焉。

射既阕⑭，子路进曰："由与二三子者之为司马，何如？"孔子曰：

"能用命矣。"

注释

①乡射：指州长于春秋两季以礼会民，习射于州之学校。

②鹄（gǔ）：箭靶的中心。

③诗：指《诗经·小雅·宾之初筵》。

④发彼有的：发射你的箭射中目标。

⑤以祈尔爵：祈求你免被罚酒。旧注："祈，求也，言发中的以求饮尔爵也。胜者饮不胜者。"

⑥辞爵：辞谢罚酒，即不被罚酒。旧注："饮彼则已不饮，故曰以辞爵也。"

⑦悬弧（hú）之义：古代风俗，家中生了男孩，便在门左首悬挂一张木弓以示庆贺。此处暗示射箭是男子从事的事。旧注："弧，弓也。男子生则悬弧于其门，明必有射事也。而今不能射，唯病可以为辞也。"

⑧矍（j ué）相：古地名。在今山东曲阜市内阙里西。孔子曾习射于此。圃：园地。

⑨司马：官名。掌管军政和军赋。子路此时官为司马，此即指子路。旧注："子路为司马，故射至，使子路出延射。"

⑩列：队列。延：邀请。

⑪人后：指过继给别人作后嗣。旧注："人已有后而又为人后，故曰与为人后也。"

⑫公罔之裘：姓公罔，名之裘。序点：姓序名点。二人均为孔子弟子。扬觯：举起酒杯。旧注："先行射乡饮酒，故二人扬觯。"

⑬耄（mào）期：旧注："八十、九十曰耄，言虽老而能称，解道而不乱。"

⑭阕（què）：终了，结束。

译文

孔子观看乡射礼，长叹一声说："射箭时配上礼仪和音乐，射箭的人怎能一边射，一边听？努力修养身心而发出的箭，并能射中目标，只有贤德的人才能做到。如果是不肖之人，他怎能射中而罚别人喝酒呢？《诗经》说：‘发射你的箭射中目标，祈求你免受罚酒。’祈，就是求。祈求射中而免受罚酒。酒，是用来养老和养病的。祈求射中而辞谢罚酒就是推辞别人的奉养。所以如果让士人射箭，假如他不会，就应当以有病来辞谢，因为男子生来就应该会射箭。”

于是回来后和弟子们在矍相的园圃中学习射箭，观看的人们好像一堵围墙。当射礼行至子路时，孔子让子路手执弓箭出来邀请比射的人，说：“败军之将、丧失国土的大夫、求做别人后嗣的人，一律不准入场，其余的人进来。”听到这话，人走了一半。孔子又让公罔之裘、序点举起酒杯说：“幼年壮年时能孝敬父母，友爱兄弟，到老年还爱好礼仪，不随流俗，修身以待终年的人，请留在这个地方。”结果又走掉一半。序点又举杯说：“好学不倦，好礼不变，到老还言行不乱的人，请留在这里。”结果只有几个人留下没走。

射箭结束后，子路走上前对孔子说：“我和序点他们这些人做司马，如何？”孔子回答说：“可以胜任了。”

古韵体验

Gu Yun Ti Yan

孔子家语

《孔子家语》这本书，详细记录了孔子与其弟子门生的问对诘答和言谈行事，生动塑造了孔子的人格形象，对研究儒家学派（主要是创始人孔子）的哲学思想、政治思想、伦理思想和教育思想，有着巨大的理论价值。同时，由于该书保存了不少古书中的有关记载，这对考证上古遗文，校勘先秦典籍，也有着巨大的文献价值。

另外，这本书对现代人认识和了解历史上真实的孔子面目、研究孔子生平及其思想，提供了重要的依据。

书中的内容大都具有较强的叙事性，也就是说大多是有关孔子的逸闻趣事，从文学欣赏角度看，也具有较高的文学价值。

书中的许多故事和孔子的许多充满哲理的语言对我们具有深刻的借鉴意义。

书中有一段孔子对弟子子夏、子贡两人未来发展的预测：

孔子说："我死之后，子夏会比以前更有进步，而子贡会比以前有所退步。"曾子问："为什么呢？"孔子说："子夏喜爱同比自己贤明的人在一起（所以他的道德修养将日有提高）；子贡喜欢同才智比不上自己的人相处（因此他的道德修养将日见丧失）。"不了解孩子如何，看看孩子的父亲就知道（孩子将来的情况）了，不了解本人，看他周围的朋友就可以了，不了解主子，看他派遣的使者就可以了，不了解本地的情况看本地的草木就可以了。所以常和品行高尚的人在一起，就像沐浴在种植芝兰散满香气的屋子里一样，时间长了便闻不到香味，但本身已经充满香气了；和品行低劣的人在一起，就像到了卖咸鱼的作坊，时间长了也闻不到臭了，也是融入到环境里了；藏丹的地方时间长了会变红，藏漆的地方时间长了会变黑，也是环境影响使然啊！所以说真正的君子必须谨慎的选择自己处身的环境。

孔子讲的就是我们平日所说的"近朱者赤，近墨者黑"的道理。

关于环境对一个人品德的影响，孔子还说："芝兰生于深谷，不以无人而不芳；君子修道立德，不以困穷而改节。故曰：与善人居，如入芝兰之室，久而不闻其香，即与之化矣；与不善人居，如入鲍鱼之肆，久而不闻其臭，亦与之化矣。丹之所藏者赤，漆之所藏者黑，是以君子必慎其所处者焉"。又曰："不以无人而不芳，不因清寒而萎琐；气若兰兮长不改，心若兰兮终不移。”

这段文字极其精美，读起来仿佛能闻到芝兰的香味。孔子教导他的弟子们要像生长在深谷中的芝和兰那样，不因无人欣赏而不散发芬芳的香气。君子修养道德，确立操守，不因为困窘而改变其志向节操。意思是，君子修道立德，决不能随波逐流，见风使舵，从而丧失其品格，为人所不齿。进一步讲，人格高尚的人修行道义以身立德，他们也不会因为艰难窘迫物质贪乏而改变气节。

所以说，与人格高尚的人住在一起，就好像住在了放有芝兰的屋子里，时间长了闻不到它的香气，是因为你已经为之同化，满身是香了；而与品德低劣的人住在一起，就好像住进了卖咸鱼的店铺一样，时间长了闻不出它的腥臭，是因为你已与之同化满身臭气了。放有红色朱砂的地方会实其染红，而放有漆墨的地方会被其染黑，因此，想要做君子的人或者说是君子，都会慎重选择他们所居所处的环境。事实上，君子就像芝兰和松梅一样，不会因为没有人来而不芳香四溢，也不会因为清苦卑微而变得庸俗丑陋；他们的志气如香兰一样天长地久不会改变，他们的信念如芝兰一样坚定不移始终如一。

把君子的修身立德，与生长在深谷中的芝和兰相比，这并不是孔子一个人的发明。

幽香的兰花，耐人寻味，令多少文人墨客交相称颂。

唐代大诗人李白有“幽兰香风远，蕙草流芳根”的诗句。正是由于兰花具有刚直不苛的品格而得到许多文人雅士的称颂。

成语中将兰花比喻人的有很多。如：

“兰心蕙性”：比喻心性高雅。一般多指女子善良贤淑的生性和品质。柳永《玉女摇仙佩》词：“愿奶奶，兰心蕙性，枕前言下，表余深情。”

“十蕙一兰”：黄庭坚《书幽芳亭》：“盖兰似君子，惠似大夫，大概山林中，十蕙而一兰也。”

另一篇关于大雀小雀的议论，讲的也同样是跟不同的人在一起，而福祸不同的道理：

孔子见罗雀者所得皆黄口小雀。夫子问之曰：“大雀独不得，何也？”罗者曰：“大雀善惊而难得。黄口从大雀则不得，大雀从黄口亦不得。”

孔子顾谓弟子曰："善惊以远害，利食而忘患，自其心矣，而以所从为祸福。故君子慎其所从。以长者之虑，则有全身之阶；随小者之戆，而有危亡之败也。"

上面这段话，翻译成白话就是：孔子看见用网捉鸟的人，他捉到的都是雏鸟。孔子问他说："只有大鸟捕不到，这是为什么呢？"捕鸟人说："大鸟容易受到惊吓，所以难以捕捉到，雏鸟贪吃，所以容易捕捉到。如果小雀跟从大雀，就捕捉不到了；但是如果大雀跟从小雀，也可以捕捉到。"

孔子回过头对弟子们说："容易受到惊吓的大鸟就能远离祸害，喜欢贪食的雏鸟就容易忘记祸患，这是出自它们的本性啊，跟从不同的鸟是它们遭受祸福的原因。所以君子要谨慎选择自己跟从的人，借助年长者的谋虑来保全性命，仿效年轻人的愚蠢鲁莽，会有面临危险死亡的祸患。"

从《孔子家语》中可以看出，孔子教育他的弟子，从不生硬地讲大道理，而是善于及时抓住生活中喜闻乐见的寻常小事，一事一议。这样的教育方法生动形象，容易理解甚至使人刻骨铭心。

由此可见，孔子不愧为大教育家、大思想家。

这本书对现代人的思想、言行都有着相当大的启示和教益。有时间的话，每个人都应该仔细品读。在静静的房间里，沏一杯好茶，伴着淡淡的茶香，品读书中每一篇文字，你不仅可以在思想上得到启示，在品德上得到提高，还会得到纯美的艺术享受。

这就是孔子留给我们的精神财富。像这样的书，只读一遍远远不够，必须反复品读，才能领略到更多的哲理，才能吸取其精华，并不知不觉地融入到你的生活、工作之中。

直到有一天，你发现《孔子家语》中的故事和主张，已经融化到了你的血液之中，你才会从内心感谢孔子，感谢他老人家把你引领到了一个至高的精神境界之中。

让我们共同用虔诚的心去品读这本书吧！记住，我们的收获将不可用数量去衡量。

延伸阅读

Yan Shen Yue Du

文化延伸

——与本书内容有关的图书、影视

《论语》
作者：孔子弟子

研究缩影

《论语》是孔子弟子及其再传弟子关于孔子言行的记录，共二十篇。

内容有孔子谈话，答弟子问及弟子间的相互讨论。它是研究孔子思想的主要依据。东汉列为“七经”之一，(七经：《诗》《书》《礼》《易》《春秋》《论语》《孝经》)。南宋时，朱熹把它和《大学》《中庸》《孟子》合为“四书”，成为儒家的重要经典。

《汉书·艺文志》
作者：（东汉）班固

研究缩影

中国现存最早的一部文献目录，由东汉班固编写。《汉书·艺文志》开创了史志目录的先例，汉以后史书多仿其例而编有艺文志或经籍志。由于《七略》已佚，《汉书·艺文志》便成为中国现存最早的图书目录。宋代王应麟撰有《汉书艺文志考证》10卷，清代姚振宗撰有《汉书艺文志拾补》6卷和《汉书艺文志条理》8卷。

《电影《孔子》》
导演：胡玫
主演：周润发、周迅
地区：中国大陆
年代：2009年

剧情简介：

孔子名丘，字仲尼。他出身于当时一个小诸侯国——鲁国的没落贵族家庭，为社会的混乱情形而忧心忡忡，希望以他超越时代的思想和智慧来影响春秋诸国的历史进程。然而就像历史上的其他圣贤早年的经历一样，彼时孔子的时代还未到来。虽曾仕官于鲁国，并以其勇敢和智慧带给鲁国以尊严和强大的希望，但最终政治理念破灭于现实之前。随后孔子为了理想率领众弟子奔走在列国之间长达十四年之久……

名家链接

1.郯子

春秋时期郯国君主，己姓（一说嬴姓）子爵，少皞氏后裔。郯国之君称郯子，因失籍失载，郯国世系不详。通常提到的郯子，是指公元前525年朝拜鲁国的那位郯国君主，和孔子是同时代人。据《春秋左氏传》载：鲁昭公17年（前525年）秋天，郯子朝鲁，昭公盛宴款待。席间，鲁大夫叔孙昭子问郯子为何以鸟名官，郯子回答得很详尽。他说："少皞是我的远祖，我当然知道。我的祖先少皞挚初立位时，恰好有凤凰飞来，这被当成吉祥的征兆，因此就以鸟为师，用鸟名来称呼各种官职：凤鸟氏主管历法，玄鸟氏掌管春分秋分，伯赵氏掌管夏至冬至，青鸟氏掌管立春立夏，丹鸟氏掌管立秋立冬。另外，还以五雉为五工正，分管手工业……"郯子的一番话，满座人无不佩服。当时27岁的孔丘，在鲁国做个小官，他听说此事后，立即去拜见郯子请教。这就是韩愈《师说》中提到的"孔子师郯子。"

2.王郎

王郎（153—228）字景兴，三国时东海郯县人。幼年时熟读经书，博学多才，年轻时被拜为郎中，认菑丘长。拜太尉杨赐为师学习经书。后在徐州治中帮陶谦掌管文书。当时汉室衰微，群雄四起，关东一带战事仍频，王郎向汉天子请求勤王，汉献帝见表后十分高兴，随即封陶谦为安东大将军，王郎也被封为会稽太守，王郎推行仁政，"惠爱在民"，使"稽郡殷实富裕"，很有政绩。王郎做太守第四年，孙策兵临会嵇稽，王郎率兵决战，因寡不敌众被俘。孙策因王郎儒雅博学，未加害，留置曲阿不放。曹操于建安三年上表征聘王郎，出任谏议大夫，参司空军事。王郎精通法律刑理，以治狱见称。

经典语录

1. 仁义在身而色不伐，思虞通明而辞不专。
2. 聪明睿智，守之以愚；功被天下，守之以让；勇力振世，守之以怯；富有四海，守之以谦；此所谓损之又损之道也。
3. 故曰所谓天下之至仁者，能合天下之至亲也；所谓天下之至明者，能举天下之至贤者也。
4. 君子修道立德，不为困而改节。
5. 君子遗人以财，不若善言。
6. 君子以行言，小人以舌言。
7. 舟非水不行，水入舟则没。
8. 涓涓不壅，终为江河。
9. 仁义在身而色不伐。
10. 路无拾遗，器不雕伪。
11. 良药苦于口而利于病，忠言逆于耳而利于行。
12. 水至清则无鱼，人至察则无徒。
13. 过而改之，是为不过。
14. 天下有大恶者有五：一曰心逆而险，二曰行僻而坚，三曰言伪而辩，四曰记丑而博，五曰顺非而泽。
15. 小人成群，斯足忧矣。
16. 政之不平，君之患也；令之不行，臣之罪也。
17. 仁者莫大乎爱人，智者莫大乎知贤，贤政者莫大乎官能。
18. 不陨获于贫贱，不充诎于富贵。

图书在版编目（CIP）数据

孔子家语/（魏）王肃著. -- 长春：北方妇女儿童出版社，2016.8（2021.2重印）
（中华国学经典全民阅读书库）
ISBN 978-7-5585-0051-0

Ⅰ.①孔… Ⅱ.①王… Ⅲ.①孔丘（前551-前479）-生平事迹 Ⅳ.①B222.2

中国版本图书馆CIP数据核字（2016）第163869号

孔子家语
KONGZI JIAYU

出 版 人　刘　刚
责任编辑　吴　桐
开　　本　710mm×1000mm　1/16
印　　张　13
字　　数　165千字
版　　次　2016年2月第1版
印　　次　2021年2月第3次印刷
印　　刷　三河市华晨印务有限公司
出　　版　北方妇女儿童出版社
发　　行　北方妇女儿童出版社
地　　址　长春市净月开发区龙腾国际大厦A座
电　　话　总编办：0431-81629600

定　　价　29.80元